はじめに

　Adobe Premiere Proはビデオ編集ソフトです。

　ビデオ編集というとまず思い浮かぶのは、旅行や運動会などで撮影した映像をつないでダイジェストを作成する作業でしょう。まず撮影した映像を見ながらダイジェストに使用する場面を選び、編集ソフト上で順番に並べた後に映像のテンポを整えたり順番を入れ替えたりします。さらに、このダイジェスト映像を作品として仕上げるために説明のテロップやタイトル画面、ナレーションや音楽を加えていきます。

　これ以外の重要な要素として、トランジションと呼ばれる映像切り替えの効果を加えたり、映像そのものをエフェクトで加工するといった作業があります。

　これらは撮影した映像をより印象付けることができるので、作品の質を向上する効果があります。

　本書はPremiere Proに搭載されているエフェクトとトランジションをすべて解説してあります。単にどのようなエフェクト機能があるのかを知ることができるだけでなく、自分の作品をより印象強くするためのアイデア本として活用することができます。トランジションやエフェクトの一覧を見て興味のあるものを試す、といった操作は順番にエフェクトを適用して見ていくよりはるかに効率的ですし、プロパティの説明を見ながら簡単にエフェクトをアレンジすることができます。Premiere Proの持つ豊富なエフェクトとトランジション機能を使ってぜひ印象的な作品を作成してください。

　本書がみなさんの作品作りのお役に立てることを願っております。

2015年9月　石坂アツシ

目次

はじめに …………………………………………………………………………………… 1

第1章：基本エフェクト ………………………………………………………………… 27

01 基本ビデオエフェクト ……………………………………………………………… 27
　　01-1　モーション …………………………………………………………………………28
　　・位置 ………………………………………………………………………………………28
　　・スケール …………………………………………………………………………………28
　　・回転 ………………………………………………………………………………………29
　　・アンカーポイント ………………………………………………………………………29
　　・アンチフリッカー ………………………………………………………………………30
　　01-2　不透明度 ……………………………………………………………………………30
　　・マスク機能 ………………………………………………………………………………31
　　　・マスクパス ……………………………………………………………………………32
　　　・マスクの境界のぼかし ………………………………………………………………32
　　　・マスクの不透明度 ……………………………………………………………………32
　　　・マスクの拡張 …………………………………………………………………………32
　　　・反転 ……………………………………………………………………………………32
　　・不透明度 …………………………………………………………………………………32
　　・描画モード ………………………………………………………………………………33
　　01-3　タイムリマップ ……………………………………………………………………35
　　・速度 ………………………………………………………………………………………35

02 基本オーディオエフェクト ………………………………………………………… 36
　　02-1　ボリューム …………………………………………………………………………36
　　・バイパス …………………………………………………………………………………37
　　・レベル ……………………………………………………………………………………37
　　02-2　チャンネルボリューム ……………………………………………………………37
　　・バイパス …………………………………………………………………………………37
　　・左 …………………………………………………………………………………………37
　　・右 …………………………………………………………………………………………37
　　02-3　パンナー ……………………………………………………………………………37
　　・バランス …………………………………………………………………………………37

第2章：イメージコントロール ………………………………………………………… 39

01 カラーバランス（RGB）……………………………………………………………… 39
　　01-1　赤 ……………………………………………………………………………………40
　　01-2　緑 ……………………………………………………………………………………40
　　01-3　青 ……………………………………………………………………………………40

02 カラーパス …………………………………………………………………………… 40
　　02-1　類似性 ………………………………………………………………………………41
　　02-2　反転 …………………………………………………………………………………41
　　02-3　カラー ………………………………………………………………………………41

03 カラー置き換え ……………………………………………………………………… 41
　　03-1　類似性 ………………………………………………………………………………42
　　03-2　単色 …………………………………………………………………………………42
　　03-3　ターゲットカラー …………………………………………………………………42

| | 03-4　置き換えるカラー | 42 |

04　ガンマ補正 ……… 43
04-1　ガンマ ……… 43

05　モノクロ ……… 44
05-1　（モノクロ） ……… 44

第3章：カラー補正 ……… 45
01　3ウェイカラー補正 ……… 45
01-1　出力 ……… 46
01-2　表示を分割 ……… 47
・分割表示 ……… 47
・レイアウト ……… 47
・分割比 ……… 47
01-3　ホイール／入出力レベル ……… 47
・マスター ……… 48
・シャドウ／ミッドトーン／ハイライト ……… 48
・入力レベル ……… 48
・出力レベル ……… 48
01-4　階調範囲の定義 ……… 48
・階調範囲を表示 ……… 49
・シャドウのしきい値 ……… 49
・シャドウの柔らかさ ……… 49
・ハイライトのしきい値 ……… 49
・ハイライトの柔らかさ ……… 49
01-5　彩度 ……… 49
・マスターの彩度 ……… 49
・シャドウの彩度 ……… 49
・ミッドトーンの彩度 ……… 50
・ハイライトの彩度 ……… 50
01-6　二次カラー補正 ……… 50
・マスクを表示 ……… 51
・中心 ……… 51
・色相 ……… 51
・彩度 ……… 51
・輝度 ……… 51
・柔らかく ……… 51
・エッジを細く ……… 51
・反転 ……… 51
01-7　自動レベル補正 ……… 52
・自動黒レベル／自動コントラスト／自動白レベル ……… 52
・黒レベル ……… 52
・グレーレベル ……… 52
・白レベル ……… 52
01-8　シャドウ／ミッドトーン／ハイライト／マスター ……… 53
・色相角度 ……… 53
・バランスの強さ ……… 53
・バランスゲイン ……… 53
・バランス角度 ……… 54
01-9　マスターのレベル ……… 54
・入力レベル ……… 54
・出力レベル ……… 54

02 Lumetri カラー ･･･････････････････････････････････････ 55

02-1　基本補正 ･･ 56
・アクティブ ･･ 56
・LUT 設定 ･･･ 56
・ホワイトバランス ･･････････････････････････････････････ 56
・色温度 ･･･ 56
・色かぶり補正 ･･ 57
・トーン ･･･ 57
・露光量 ･･･ 57
・コントラスト ･･ 57
・ハイライト ･･･ 57
・シャドウ ･･･ 57
・白レベル ･･･ 57
・黒レベル ･･･ 57
・リセット ･･･ 57
・自動 ･･･ 57
・彩度 ･･･ 58
02-2　クリエイティブ ･･････････････････････････････････ 58
・アクティブ ･･･ 58
・LOOK ･･･ 58
・強さ ･･･ 58
・調整 ･･･ 58
・フェード ･･･ 59
・シャープ ･･･ 59
・自然な彩度 ･･･ 59
・彩度 ･･･ 59
・シャドウ／ハイライト色相調整 ･･･････････････････････ 59
・色合い ･･･ 59
02-3　トーンカーブ ･････････････････････････････････････ 60
・アクティブ ･･･ 60
・RGB カーブ ･･･ 61
・色相・彩度カーブ ･････････････････････････････････････ 61
02-4　カラーホイール ･･････････････････････････････････ 61
・アクティブ ･･･ 61
・シャドウ／ミッドトーン／ハイライト ･･････････････ 61
02-5　ビネット ･･ 62
・アクティブ ･･･ 62
・適用度 ･･･ 62
・拡張 ･･･ 62
・角丸の場合 ･･･ 62
・ぼかし ･･･ 62

03 RGB カラー補正 ･･････････････････････････････････ 63

03-1　出力 ･･･ 63
03-2　分割表示 ･･ 64
03-3　レイアウト ･･･････････････････････････････････････ 64
03-4　分割比 ･･･ 64
03-5　階調範囲の定義 ･･･････････････････････････････････ 64
・階調範囲を表示 ･･･････････････････････････････････････ 64
・シャドウのしきい値 ･･････････････････････････････････ 64
・シャドウの柔らかさ ･･････････････････････････････････ 64
・ハイライトのしきい値 ･･･････････････････････････････ 65
・ハイライトの柔らかさ ･･･････････････････････････････ 65
03-6　階調範囲 ･･ 65
03-7　ガンマ ･･･ 65

	03-8	ペデスタル	65
	03-9	ゲイン	65
	03-10	RGB	65
	・赤／緑／青のガンマ		66
	・赤／緑／青のペデスタル		66
	・赤／緑／青のゲイン		66
	03-11	二次カラー補正	67
	・マスクを表示		67
	・中心		67
	・色相		68
	・彩度		68
	・輝度		68
	・柔らかく		68
	・エッジを細く		68
	・反転		68

04　RGBカーブ 69

	04-1	出力	70
	04-2	分割表示	70
	04-3	レイアウト	70
	04-4	分割比	71
	04-5	マスター／赤／緑／青	71
	04-6	二次カラー補正	71
	・マスクを表示		72
	・中心		72
	・色相		72
	・彩度		72
	・輝度		72
	・柔らかく		72
	・エッジを細く		72
	・反転		72

05　イコライザー 73

| | 05-1 | イコライザー | 73 |
| | 05-2 | イコライザー量 | 73 |

06　カラーバランス 74

	06-1	シャドウ赤／緑／青バランス	74
	06-2	ミッドトーン赤／緑／青バランス	74
	06-3	ハイライト赤／緑／青バランス	74
	06-4	輝度を保持	75

07　カラーバランス（HLS） 75

	07-1	色相	75
	07-2	明度	75
	07-3	彩度	76

08　クイックカラー補正 76

	08-1	出力	77
	08-2	分割表示	77
	08-3	レイアウト	77
	08-4	分割比	77
	08-5	ホワイトバランス	78
	08-6	色相バランスと角度	78
	08-7	色相角度	78
	08-8	バランスの強さ	78
	08-9	バランスゲイン	78

08-10	バランス角度	78
08-11	彩度	78
08-12	自動黒レベル／自動コントラスト／自動白レベル	78
08-13	黒レベル	78
08-14	グレーレベル	78
08-15	白レベル	79
08-16	入力レベル	79
08-17	出力レベル	79
08-18	黒／グレー／白入力レベル	79
08-19	黒／白出力レベル	79

09　チャンネルミキサー　79
09-1	赤－赤／緑－緑／青－青	80
09-2	赤－緑／赤－青	80
09-3	緑－赤／緑－青	80
09-4	青－赤／青－緑	80
09-5	赤／緑／青－定数	80
09-6	モノクロ	81

10　ビデオリミッター　81
10-1	分割表示	82
10-2	レイアウト	82
10-3	分割比	82
10-4	減少軸	82
10-5-1	最小ルミナンス	82
10-5-2	最大ルミナンス	82
10-5-3	最小クロマ	82
10-5-4	最大クロマ	82
10-5-5	最小信号	82
10-5-6	最大信号	82
10-6	減少方法	82
10-7	階調範囲の定義	83
・シャドウのしきい値		83
・シャドウの柔らかさ		83
・ハイライトのしきい値		83
・ハイライトの柔らかさ		83

11　ルミナンスカーブ　84
11-1	出力	84
11-2	分割表示	85
11-3	レイアウト	85
11-4	分割比	85
11-5	輝度波形	85
11-6	二次カラー補正	85
・マスクを表示		86
・中心		86
・色相		86
・彩度		87
・輝度		87
・柔らかく		87
・エッジを細く		87
・反転		87

12　ルミナンス補正　88
12-1	出力	88
12-2	分割表示	89
12-3	レイアウト	89

12-4	分割比	89
12-5	階調範囲の定義	89
・	シャドウのしきい値	89
・	シャドウの柔らかさ	89
・	ハイライトのしきい値	90
・	ハイライトの柔らかさ	90
12-6	階調範囲	90
12-7	明るさ	90
12-8	コントラスト	90
12-9	コントラストレベル	90
12-10	ガンマ	90
12-11	ペデスタル	90
12-12	ゲイン	90
12-13	二次カラー補正	91
・	マスクを表示	91
・	中心	91
・	色相	92
・	彩度	92
・	輝度	92
・	柔らかく	92
・	エッジを細く	92
・	反転	92

13 他のカラーへ変更 ································· 93

13-1	変更オプション	93
13-2	変更後のカラー	93
13-3	変更するチャンネル	94
13-4	変更オプション	94
13-5	許容量	94
・	色相	94
・	明度	94
・	彩度	94
13-6	柔らかさ	94
13-7	純正マットを表示	94

14 色かぶり補正 ··································· 95

14-1	ブラックをマップ	95
14-2	ホワイトをマップ	95
14-3	色合いの量	95

15 色を変更 ······································ 96

15-1	表示	96
15-2	色相の変更	97
15-3	明度の変更	97
15-4	彩度の変更	97
15-5	変更するカラー	97
15-6	マッチングの許容度	97
15-7	マッチングの柔軟度	97
15-8	マッチングの適用	97
15-9	カラー補正マスク反転	97

16 色抜き ······································· 98

16-1	色抜き量	98
16-2	保持するカラー	98
16-3	許容量	98
16-4	エッジの柔らかさ	98
16-5	マッチングの適用	99

17	輝度&コントラスト	99
	17-1 明るさ	100
	17-2 コントラスト	100

第4章：キーイング 101

01	Ultra キー	101
	01-1 出力	102
	01-2 設定	102
	01-3 キーカラー	102
	01-4 マットの生成	102
	・透明度	103
	・ハイライト	103
	・シャドウ	103
	・許容量	103
	・ペデスタル	103
	01-5 マットのクリーンアップ	103
	・チョーク	103
	・柔らかく	103
	・コントラスト	103
	・中間ポイント	104
	01-6 スピルサプレッション	104
	・彩度を下げる	104
	・範囲	104
	・スピル	104
	・輝度	104
	01-7 カラー補正	104
	・彩度	104
	・色相	105
	・輝度	105
02	アルファチャンネルキー	105
	02-1 不透明度	105
	02-2 アルファを無視	106
	02-3 アルファを反転	106
	02-4 マスクのみ	106
03	イメージマットキー	106
	03-1 設定	107
	03-2 コンポジット用マット	107
	03-3 反転	107
04	カラーキー	107
	04-1 キーカラー	108
	04-2 カラー許容量	108
	04-3 エッジを細く	108
	04-4 エッジのぼかし	108
05	トラックマットキー	108
	05-1 マット	109
	05-2 コンポジット用マット	109
	05-3 反転	109
06	マット削除	109
	06-1 マットの種類	110
07	ルミナンスキー	110

| 07-1 | しきい値 | 111 |
| 07-2 | カットオフ | 111 |

08　異なるマット ········· 111
08-1	表示	112
08-2	異なるレイヤー	112
08-3	レイヤーサイズが異なる場合	112
08-4	マッチングの許容度	112
08-5	マッチングの柔軟度	112
08-6	異なる前にブラー	112

09　赤以外キー ········· 113
09-1	しきい値	113
09-2	カットオフ	113
09-3	フリンジの除去	114
09-4	スムージング	114
09-5	マスクのみ	114

第5章：スタイライズ ········· 115

01　しきい値 ········· 115
| 01-1 | レベル | 115 |

02　アルファグロー ········· 116
02-1	グロー	116
02-2	明るさ	116
02-3	開始色	116
02-4	終了色	116
02-5	終了色を使用	117
02-6	フェードアウト	117

03　エンボス ········· 117
03-1	方向	117
03-2	レリーフ	118
03-3	コントラスト	118
03-4	元の画像とブランド	118

04　カラーエンボス ········· 118
04-1	方向	119
04-2	レリーフ	119
04-3	コントラスト	119
04-4	元の画像とブランド	119

05　ストロボ ········· 119
05-1	ストロボカラー	120
05-2	元の画像とブレンド	120
05-3	ストロボデュレーション（秒）	120
05-4	ストロボ間隔（秒）	120
05-5	ランダムストロボの確率	120
05-6	ストロボ	120
05-7	ストロボ演算子	121
05-8	ランダムシード	121

06　ソラリゼーション ········· 122
| 06-1 | しきい値 | 122 |

07　テクスチャ ········· 123
| 07-1 | テクスチャレイヤー | 123 |

07-2	ライトの照射方向	123
07-3	テクスチャコントラスト	123
07-4	テクスチャ置き換え	124

第6章：チャンネル ··· 125

01	アリスマチック	125
	01-1 演算子	126
	01-2 赤／緑／青の値	126
	01-3 クリッピング	126
02	ブレンド	127
	02-1 レイヤーとブレンド	127
	02-2 モード	128
	02-3 元の画像とブレンド	128
	02-4 レイヤーサイズが異なる場合	128
03	マット設定	129
	03-1 レイヤーからマットを取り込む	129
	03-2 マットに使用	130
	03-3 反転マット	130
	03-4 マットを伸縮してフィットさせる	130
	03-5 元のマットを合成	130
	03-6 合成マットレイヤー	130
04	単色合成	131
	04-1 ソースの不透明度	131
	04-2 カラー	131
	04-3 不透明度	131
	04-4 描画モード	132
05	反転	133
	05-1 チャンネル	134
	05-2 元の画像とブレンド	134
06	合成アリスマチック	135
	06-1 第2ソースレイヤー	135
	06-2 演算子	136
	06-3 チャンネルを操作	136
	06-4 オーバーフロー動作	136
	06-5 第2ソースをフィットさせる	137
	06-6 元の画像をブレンド	137
07	計算	137
	07-1 入力	138
	・入力チャンネル	138
	・反転入力	138
	07-2 2つめのソース	138
	・2つめのレイヤー	139
	・2つめのレイヤーチャンネル	139
	・2つめのレイヤーの不透明度	139
	・2つめのレイヤーを反転	139
	・2つめのレイヤーをサイズに合わせて伸縮	139
	07-3 描画モード	140
	07-4 透明部分を保持	140

第7章：ディストーション ……………………………………………………………………… 141

01 オフセット ……………………………………………………………… 141
  01-1 中央をシフト ………………………………………………… 141
  01-2 元の画像とブレンド ………………………………………… 141

02 コーナーピン …………………………………………………………… 142
  02-1 （トランスフォームアイコン） ……………………………… 142
  02-2 左上／右上／左下／右下 …………………………………… 142

03 ズーム …………………………………………………………………… 143
  03-1 シェイプ ……………………………………………………… 143
  03-2 中心 …………………………………………………………… 144
  03-3 拡大率 ………………………………………………………… 144
  03-4 リンク ………………………………………………………… 144
  03-5 サイズ ………………………………………………………… 144
  03-6 ぼかし ………………………………………………………… 144
  03-7 不透明度 ……………………………………………………… 144
  03-8 サイズ ………………………………………………………… 144
  03-9 描画モード …………………………………………………… 145
  03-10 レイヤーのサイズを変更 …………………………………… 145

04 タービュレントディスプレイス ……………………………………… 145
  04-1 変形 …………………………………………………………… 146
  04-2 適用量 ………………………………………………………… 146
  04-3 サイズ ………………………………………………………… 147
  04-4 オフセット …………………………………………………… 147
  04-5 複雑度 ………………………………………………………… 147
  04-6 展開 …………………………………………………………… 147
  04-7 展開のオプション …………………………………………… 147
  ・サイクル展開 ………………………………………………… 147
  ・サイクル周期 ………………………………………………… 147
  ・ランダムシード ……………………………………………… 147
  04-8 固定 …………………………………………………………… 148
  04-9 レイヤーのサイズを変更 …………………………………… 148
  04-10 最高画質でのアンチエイリアス …………………………… 148

05 ミラー …………………………………………………………………… 149
  05-1 反射の中心 …………………………………………………… 149
  05-2 反射角度 ……………………………………………………… 149

06 レンズゆがみ補正 ……………………………………………………… 150
  06-1 曲率 …………………………………………………………… 150
  06-2 垂直方向にずらす／水平方向にずらす …………………… 150
  06-3 垂直プリズム FX ／水平プリズム FX ……………………… 150
  06-4 アルファチャンネルの塗り ………………………………… 151
  06-5 塗りのカラー ………………………………………………… 151

07 ローリングシャッターの修復 ………………………………………… 151
  07-1 ローリングシャッターレート ……………………………… 151
  07-2 スキャン方向 ………………………………………………… 152
  07-3 詳細 …………………………………………………………… 152
  ・補間方法 ……………………………………………………… 152
  ・詳細分析 ……………………………………………………… 152
  ・ピクセルモーションの詳細 ………………………………… 152

08 ワープスタビライザー ………………………………………………… 153
  08-1 分析 …………………………………………………………… 153

目次 11

08-2　キャンセル ·· 153
08-3　スタビライズ ·· 153
・結果 ·· 154
・滑らかさ ·· 154
・補間方法 ·· 154
・スケールを保持 ·· 154
08-4　境界線 ·· 154
・フレーム ·· 155
・自動スケール ·· 155
・最大スケール ·· 155
・アクションセーフマージン ·· 155
・追加スケール ·· 155
08-5　詳細 ·· 155
・詳細分析 ·· 155
・ローリングシャッターリップル ·· 155
・切り抜きを縮小＜‐＞より滑らかに ····································· 156
・合成入力範囲 ·· 156
・合成エッジぼかし ·· 156
・合成エッジ切り抜き ·· 156
・警告バナーを隠す ·· 156

09　回転 ·· 157
09-1　角度 ·· 157
09-2　回転半径 ·· 157
09-3　回転の中心点 ·· 157

10　変形 ·· 158
10-1　アンカーポイント ·· 158
10-2　位置 ·· 158
10-3　縦横比を固定 ·· 159
10-4　スケール（高さ）／スケール（幅） ································· 159
10-5　歪曲 ·· 159
10-6　歪曲軸 ·· 159
10-7　回転 ·· 159
10-8　不透明度 ·· 159
10-9　コンポジションのシャッター角度を使用／シャッター角度 ············· 159

11　波形ワープ ·· 160
11-1　波形の種類 ·· 161
11-2　波形の高さ ·· 161
11-3　波形の幅 ·· 161
11-4　方向 ·· 161
11-5　波形の速度 ·· 161
11-6　固定 ·· 162
11-7　フェーズ ·· 162
11-8　アンチエイリアス（最高画質） ····································· 162

12　球面 ·· 163
12-1　半径 ·· 163
12-2　球の中心 ·· 163

第8章：トランジション ·· 164

01　グラデーションワイプ ·· 164
01-1　変換終了 ·· 164
01-2　変換の柔らかさ ·· 165

01-3	グラデーションレイヤー	165
01-4	グラデーション置き換え	165
01-5	グラデーションを反転	165

02　ブラインド ・・・・・・・・・・・・・・・・・・・・・・ 166

02-1	変換終了	166
02-2	方向	166
02-3	幅	166
02-4	ぼかし	166

03　ブロックディゾルブ ・・・・・・・・・・・・・・・ 167

03-1	変換終了	167
03-2	ブロック幅／ブロック高さ	167
03-3	ぼかし	167
03-4	ソフトエッジ（最高画質）	168

04　リニアワイプ ・・・・・・・・・・・・・・・・・・・・ 168

04-1	変換終了	168
04-2	ワイプ角度	168
04-3	ぼかし	169

05　ワイプ（放射状） ・・・・・・・・・・・・・・・・・ 169

05-1	変換終了	169
05-2	開始角度	169
05-3	ワイプの中心	170
05-4	ワイプ	170
05-5	ぼかし	170

第9章：トランスフォーム ・・・・・・・・・・・・・・・・・・・ 171

01　エッジのぼかし ・・・・・・・・・・・・・・・・・・・ 171

| 01-1 | 適用量 | 171 |

02　クロップ ・・・・・・・・・・・・・・・・・・・・・・・・ 172

02-1	左／上／右／下	172
02-2	ズーム	172
02-3	エッジをぼかす	172

03　垂直反転 ・・・・・・・・・・・・・・・・・・・・・・・・ 173

| 03-1 | （垂直反転） | 173 |

04　水平反転 ・・・・・・・・・・・・・・・・・・・・・・・・ 174

| 04-1 | （水平反転） | 174 |

第10章：ノイズ＆グレイン ・・・・・・・・・・・・・・・・・・ 175

01　ダスト＆スクラッチ ・・・・・・・・・・・・・・・ 175

01-1	半径	175
01-2	しきい値	175
01-3	アルファチャンネルに実行	176

02　ノイズ ・・・・・・・・・・・・・・・・・・・・・・・・・・ 176

02-1	ノイズ量	176
02-2	ノイズの種類	176
02-3	クリッピング	176

03　ノイズHLS ・・・・・・・・・・・・・・・・・・・・・・・ 177

| 03-1 | ノイズ | 177 |

目次　13

03-2	色相	178
03-3	明度	178
03-4	彩度	178
03-5	粒のサイズ	178
03-6	ノイズフェーズ	178

04 ノイズHLSオート 178

04-1	ノイズ	179
04-2	色相	179
04-3	明度	179
04-4	彩度	179
04-5	粒のサイズ	179
04-6	ノイズアニメーションの速度	179

05 ノイズアルファ 180

05-1	ノイズ	180
05-2	適用量	181
05-3	オリジナルアルファ	181
05-4	オーバーフロー	181
05-5-1	ランダムシード	181
05-5-2	ノイズフェーズ	181
05-6	ノイズオプション（アニメート）	182
・サイクルノイズ		182
・サイクル（周期）		182

06 ミディアン 182

| 06-1 | 半径 | 183 |
| 06-2 | アルファチャンネルに実行 | 183 |

第11章：ビデオ 184

01 クリップ名 184

01-1	位置	184
01-2	配置	185
01-3	サイズ	185
01-4	不透明度	185
01-5	表示	185
01-6	ソーストラック	185

02 タイムコード 186

02-1	位置	186
02-2	サイズ	186
02-3	不透明度	187
02-4	フィールドシンボル	187
02-5	形式	187
02-6	タイムコードソース	187
02-7	時間単位	187
02-8	オフセット	188
02-9	開始タイムコード	188
02-10	ラベルテキスト	188
02-11	ソーストラック	188

第12章：ブラー＆シャープ 189

01 アンシャープマスク 189

01-1	適用量	189
01-2	半径	189
01-3	しきい値	190

02　カメラブラー（Windowsのみ） ……………………………………………… 190
02-1	ブラーの割合	190

03　シャープ ……………………………………………………………………… 191
03-1	シャープ量	191

04　ブラー（ガウス） …………………………………………………………… 192
04-1	ブラー	192
04-2	ブラーの方向	192
04-3	エッジピクセルを繰り返す	192

05　ブラー（チャンネル） ……………………………………………………… 193
05-1	赤ブラー／緑ブラー／青ブラー／アルファブラー	193
05-2	エッジ動作	193
05-3	ブラーの方向	194

06　ブラー（合成） ……………………………………………………………… 194
06-1	ブラーレイヤー	195
06-2	最大ブラー	195
06-3	レイヤーサイズが異なる場合	195
06-4	ブラーを反転	195

07　ブラー（方向） ……………………………………………………………… 196
07-1	方向	196
07-2	ブラーの長さ	196

08　ブラー（滑らか） …………………………………………………………… 197
08-1	ブラー	197
08-2	ブラーの方向	197
08-3	エッジピクセルを繰り返す	198

第13章：ユーティリティ ………………………………………………………… 199

01　Cineonコンバーター ………………………………………………………… 199
01-1	変換の種類	200
01-2	10ビットブラックポイント	200
01-3	内部ブラックポイント	200
01-4	10ビットホワイトポイント	200
01-5	内部ホワイトポイント	200
01-6	ガンマ	200
01-7	ハイライトロールオフ	200

第14章：描画 …………………………………………………………………… 201

01　4色グラデーション ………………………………………………………… 201
01-1	位置とカラー	202
	・ポイント1／2／3／4	202
	・カラー1／2／3／4	202
01-2	ブレンド	202
01-3	変位	202
01-4	不透明度	202
01-5	描画モード	202

02	カラーカーブ	203
	02-1 カーブの開始	203
	02-2 開始色	203
	02-3 カーブの終了	203
	02-4 終了色	203
	02-5 カーブシェイプ	204
	02-6 カーブ拡散	204
	02-7 元の画像とブレンド	204
03	グリッド	204
	03-1 アンカー	205
	03-2 グリッドサイズ	205
	03-3 コーナー	205
	03-4 幅	205
	03-5 高さ	206
	03-6 ボーダー	206
	03-7 ぼかし	206
	03-8 グリッドを反転	206
	03-9 カラー	206
	03-10 不透明度	206
	03-11 描画モード	206
04	スポイト塗り	207
	04-1 サンプルポイント	207
	04-2 サンプルの半径	207
	04-3 平均ピクセルカラー	207
	04-4 オリジナルアルファを維持	208
	04-5 元の画像とブレンド	208
05	セルパターン	208
	05-1 セルパターン	209
	05-2 反転	209
	05-3 コントラスト	209
	05-4 オーバーフロー	210
	05-5 分散	210
	05-6 サイズ	210
	05-7 オフセット	210
	05-8 タイルのオプション	210
	・タイルを有効にする	210
	・水平セル	210
	・垂直セル	210
	05-9 展開	211
	05-10 展開のオプション	211
	・サイクル展開	211
	・サイクル（周期）	211
	・ランダムシード	211
06	チェッカーボード	211
	06-1 アンカー	212
	06-2 グリッドサイズ	212
	06-3 コーナー	212
	06-4 幅	212
	06-5 高さ	212
	06-6 ぼかし	213
	・幅	213
	・高さ	213
	06-7 カラー	213

	06-8 不透明度	213
	06-9 描画モード	213
07	**ブラシアニメーション**	**214**
	07-1 ブラシの位置	214
	07-2 カラー	214
	07-3 ブラシのサイズ	215
	07-4 ブラシの硬さ	215
	07-5 ブラシの不透明度	215
	07-6 ストロークの長さ（秒）	215
	07-7 ブラシの間隔（秒）	215
	07-8 ペイントのタイムプロパティ	215
	07-9 ブラシのタイムプロパティ	215
	07-10 ペイントスタイル	216
08	**レンズフレア**	**216**
	08-1 光源の位置	217
	08-2 フレアの明るさ	217
	08-3 レンズの種類	217
	08-4 元の画像とブレンド	217
09	**円**	**218**
	09-1 中心	218
	09-2 半径	218
	09-3 エッジ	218
	09-4 太さ	219
	09-5 ぼかし	219
	・エッジの外側をぼかす	219
	・エッジの内側をぼかす	219
	09-6 円を反転	219
	09-7 カラー	219
	09-8 不透明度	220
	09-9 描画モード	220
10	**塗りつぶし**	**220**
	10-1 塗りポイント	221
	10-2 塗りセレクター	221
	10-3 許容量	221
	10-4 しきい値を表示	221
	10-5 ストローク	222
	10-6 拡散半径	222
	10-7 塗りを反転	222
	10-8 カラー	222
	10-9 不透明度	222
	10-10 描画モード	222
11	**楕円**	**223**
	11-1 中央	223
	11-2 幅	223
	11-3 高さ	224
	11-4 太さ	224
	11-5 柔らかさ	224
	11-6 内側のカラー	224
	11-7 外側のカラー	224
	11-8 元を合成	224
12	**稲妻**	**224**

12-1	開始点	225
12-2	終了点	225
12-3	線分数	225
12-4	振幅	226
12-5	再分割数	226
12-6	振幅の細かさ	226
12-7	枝分かれ度	226
12-8	枝分かれの繰り返し	226
12-9	枝分かれ角度	226
12-10	枝の長さ	226
12-11	枝数	226
12-12	枝の幅	226
12-13	速度	226
12-14	安定度	226
12-15	終了点の固定	227
12-16	幅	227
12-17	幅の変化	227
12-18	内側の光る幅	227
12-19	外側のカラー	227
12-20	内側のカラー	227
12-21	引く力	227
12-22	引く方向	227
12-23	ランダムシード	227
12-24	描画モード	227
12-25	シミュレーション	228

第15章：時間 229

01 エコー 229

01-1	エコー時間	229
01-2	エコーの数	229
01-3	開始強度	230
01-4	減衰	230
01-5	エコー演算子	230

02 ポスタリゼーション時間 230

02-1	フレームレート	231

第16章：色調補正 232

01 シャドウ・ハイライト 232

01-1	量を自動補正	232
01-2	シャドウの量	233
01-3	ハイライトの量	233
01-4	時間軸方向のスムージング（秒）	233
01-5	シーン検出	233
01-6	詳細オプション	233
・シャドウの階調幅		233
・シャドウの半径		233
・ハイライトの階調幅		234
・ハイライトの半径		234
・カラー補正		234
・ミッドトーンのコントラスト		234
・シャドウのクリップ		234

　　　　　・ハイライトのクリップ ·· 234
　　　　　01-7　元の画像とブレンド ·· 234

02　プロセスアンプ ··· 235
　　　02-1　明度 ·· 235
　　　02-2　コントラスト ··· 235
　　　02-3　色相 ·· 235
　　　02-4　彩度 ·· 235
　　　02-5　分割表示 ··· 236
　　　02-6　分割比 ··· 236

03　レベル補正 ·· 236
　　　03-1　黒入力レベル（RGB／赤／緑／青）··· 237
　　　03-2　白入力レベル（RGB／赤／緑／青）··· 237
　　　03-3　黒出力レベル（RGB／赤／緑／青）··· 237
　　　03-4　白出力レベル（RGB／赤／緑／青）··· 237
　　　03-5　ガンマ（RGB／赤／緑／青）··· 238

04　抽出 ··· 238
　　　04-1　黒入力レベル ··· 238
　　　04-2　白入力レベル ··· 239
　　　04-3　柔らかさ ··· 239
　　　04-4　反転 ··· 239

05　明るさの値 ·· 239
　　　05-1　M11 − M33 ··· 240
　　　05-2　オフセット ··· 240
　　　05-3　スケール ··· 240
　　　05-4　アルファ処理 ·· 240

06　照明効果 ··· 241
　　　06-1　ライト1− 5 ··· 242
　　　　　・ライトの種類 ··· 242
　　　　　・ライトカラー ··· 242
　　　　　・ライトの中心 ··· 242
　　　　　・主半径 ··· 242
　　　　　・副半径 ··· 242
　　　　　・角度 ·· 242
　　　　　・照度 ·· 242
　　　　　・焦点 ·· 243
　　　06-2　環境光のカラー ··· 243
　　　06-3　環境光の照度 ·· 243
　　　06-4　光沢 ··· 243
　　　06-5　露光量 ·· 243
　　　06-6　バンプレイヤー ··· 243
　　　06-7　バンプチャンネル ·· 243
　　　06-8　バンプの高さ ·· 244
　　　06-9　白を浮き上がらせる ··· 244

07　自動カラー補正 ··· 244
　　　07-1　時間軸方向のスムージング（秒）·· 245
　　　07-2　シーン検出 ··· 245
　　　07-3　シャドウのクリップ ··· 245
　　　07-4　ハイライトのクリップ ·· 245
　　　07-5　ミッドトーンをスナップ ··· 245
　　　07-6　元の画像とブレンド ··· 245

08　自動コントラスト ··· 245

08-1	時間軸方向のスムージング（秒）	246
08-2	シーン検出	246
08-3	シャドウのクリップ	246
08-4	ハイライトのクリップ	246
08-5	元の画像とブレンド	246

09 自動レベル補正 · 247

09-1	時間軸方向のスムージング（秒）	247
09-2	シーン検出	247
09-3	シャドウのクリップ	247
09-4	ハイライトのクリップ	247
09-5	元の画像とブレンド	248

第17章：遠近 · 249

01 ドロップシャドウ · 249

01-1	シャドウのカラー	249
01-2	不透明度	250
01-3	方向	250
01-4	距離	250
01-5	柔らかさ	250
01-6	シャドウのみ	250

02 ベベルアルファ · 250

02-1	エッジの太さ	251
02-2	ライトの角度	251
02-3	ライトのカラー	251
02-4	ライトの強さ	251

03 ベベルエッジ · 251

03-1	エッジの太さ	252
03-2	ライトの角度	252
03-3	ライトのカラー	252
03-4	ライトの強さ	252

04 基本3D · 252

04-1	スウィベル	253
04-2	チルト	253
04-3	画像までの距離	253
04-4	鏡面ハイライト	253
04-5	プレビュー	253

05 放射状シャドウ · 254

05-1	シャドウのカラー	254
05-2	不透明度	254
05-3	光源	254
05-4	投影距離	255
05-5	柔らかさ	255
05-6	レンダリング	255
05-7	カラーの影響	255
05-8	シャドウのみ	255
05-9	レイヤーのサイズを変更	255

第18章：オーディオエフェクト · 256

01 Analog Delay · 256

	01-1　プリセット	256
	01-2　カスタムセットアップ	257

02　AUBandpass（Mac OSのみ） ………………………………………… 257
　02-1　カスタムセットアップ …………………………………………………… 258

03　AUDelay（Mac OSのみ） …………………………………………… 258
　03-1　カスタムセットアップ …………………………………………………… 259

04　AUDistortion（Mac OSのみ） ……………………………………… 259
　04-1　プリセット ………………………………………………………………… 260
　04-2　カスタムットアップ ……………………………………………………… 260

05　AUDynamicsProcessor（Mac OSのみ） ………………………… 260
　05-1　プリセット ………………………………………………………………… 261
　05-2　カスタムセットアップ …………………………………………………… 261

06　AUFilter（Mac OSのみ） …………………………………………… 262
　06-1　カスタムセットアップ …………………………………………………… 262

07　AUGraphicEQ（Mac OSのみ） …………………………………… 263
　07-1　カスタムセットアップ …………………………………………………… 264

08　AUHighShelfFilter（Mac OSのみ） ……………………………… 264
　08-1　カスタムセットアップ …………………………………………………… 265

09　AUHipass（Mac OSのみ） ………………………………………… 265
　09-1　カスタムセットアップ …………………………………………………… 266

10　AULowpass（Mac OSのみ） ……………………………………… 266
　10-1　カスタムセットアップ …………………………………………………… 267

11　AULowShelfFilter（Mac OSのみ） ……………………………… 267
　11-1　カスタムセットアップ …………………………………………………… 268

12　AUMatrixReverb（Mac OSのみ） ………………………………… 268
　12-1　プリセット ………………………………………………………………… 268
　12-2　カスタムセットアップ …………………………………………………… 269

13　AUMultibandCompressor（Mac OSのみ） ……………………… 269
　13-1　プリセット ………………………………………………………………… 270
　13-2　カスタムセットアップ …………………………………………………… 270

14　AUNBandEQ（Mac OSのみ） ……………………………………… 271
　14-1　カスタムセットアップ …………………………………………………… 272

15　AUNetSend（Mac OSのみ） ……………………………………… 272
　15-1　カスタムセットアップ …………………………………………………… 273

16　AUParametricEQ（Mac OSのみ） ………………………………… 273
　16-1　カスタムセットアップ …………………………………………………… 274

17　AUPeakLimiter（Mac OSのみ） …………………………………… 274
　17-1　カスタムセットアップ …………………………………………………… 275

18　AUPitch（Mac OSのみ） …………………………………………… 275
　18-1　プリセット ………………………………………………………………… 275
　18-2　カスタムセットアップ …………………………………………………… 276

19　AURogerBeep（Mac OSのみ） …………………………………… 276
　19-1　プリセット ………………………………………………………………… 276
　19-2　カスタムセットアップ …………………………………………………… 277

20 AUSampleDelay（Mac OSのみ） ……………………………………… 277
　20-1 カスタムセットアップ ……………………………………………… 277

21 Chorus / Flanger ………………………………………………………… 278
　21-1 プリセット …………………………………………………………… 278
　21-2 カスタムセットアップ ……………………………………………… 278

22 Chorus …………………………………………………………………… 279
　22-1 プリセット …………………………………………………………… 279
　22-2 カスタムセットアップ ……………………………………………… 279

23 Convolution Reverb …………………………………………………… 280
　23-1 プリセット …………………………………………………………… 280
　23-2 カスタムセットアップ ……………………………………………… 280

24 DeClicker ………………………………………………………………… 281
　24-1 プリセット …………………………………………………………… 281
　24-2 カスタムセットアップ ……………………………………………… 281

25 DeEsser …………………………………………………………………… 282
　25-1 カスタムセットアップ ……………………………………………… 283

26 DeEsser（レガシー） …………………………………………………… 283
　26-1 プリセット …………………………………………………………… 284
　26-2 カスタムセットアップ ……………………………………………… 284

27 DeHummer ……………………………………………………………… 284
　27-1 カスタムセットアップ ……………………………………………… 285

28 DeHummer（レガシー） ……………………………………………… 286
　28-1 プリセット …………………………………………………………… 286
　28-2 カスタムセットアップ ……………………………………………… 286

29 DeNoiser ………………………………………………………………… 287
　29-1 プリセット …………………………………………………………… 287
　29-2 カスタムセットアップ ……………………………………………… 287

30 Distortion ………………………………………………………………… 288
　30-1 プリセット …………………………………………………………… 288
　30-1 カスタムセットアップ ……………………………………………… 288

31 Dynamics ………………………………………………………………… 288
　31-1 プリセット …………………………………………………………… 289
　31-2 カスタムセットアップ ……………………………………………… 289

32 EQ ………………………………………………………………………… 290
　32-1 プリセット …………………………………………………………… 290
　32-2 カスタムセットアップ ……………………………………………… 291

33 Flanger …………………………………………………………………… 291
　33-1 プリセット …………………………………………………………… 291
　33-2 カスタムセットアップ ……………………………………………… 292

34 Guitar Suite ……………………………………………………………… 292
　34-1 プリセット …………………………………………………………… 293
　34-2 カスタムセットアップ ……………………………………………… 293

35 Mastering ………………………………………………………………… 293
　35-1 プリセット …………………………………………………………… 294
　35-2 カスタムセットアップ ……………………………………………… 294

36 Multiband Compressor ………………………………………………… 294

36-1 プリセット 295
36-2 カスタムセットアップ 295

37 Multiband Compressor（レガシー） 296
37-1 プリセット 296
37-2 カスタムセットアップ 297

38 Phaser 297
38-1 プリセット 297
38-2 カスタムセットアップ 298

39 Phaser（レガシー） 298
39-1 プリセット 299
39-2 カスタムセットアップ 299

40 PitchShifter 299
40-1 プリセット 299
40-2 カスタムセットアップ 300

41 Reverb 300
41-1 プリセット 300
41-2 カスタムセットアップ 301

42 RoundTripAAC（Mac OSのみ） 301
42-1 プリセット 301
42-2 カスタムセットアップ 302

43 Single-band Compressor 302
43-1 プリセット 302
43-2 カスタムセットアップ 303

44 Spectral NoiseReduction 303
44-1 プリセット 304
44-2 カスタムセットアップ 304

45 Surround Rever 304
45-1 プリセット 305
45-2 カスタムセットアップ 305

46 Tube-modeled Compressor 305
46-1 プリセット 306
46-2 カスタムセットアップ 306

47 Vocal Enhancer 306
47-1 プリセット 307
47-2 カスタムセットアップ 307

48 チャンネルの入れ替え 307
48-1 バイパス 307

49 チャンネルボリューム 308
49-1 バイパス 308
49-2 左／右 308

50 ディレイ 308
50-1 バイパス 308
50-2 ディレイ 308
50-3 フィードバック 308
50-4 ミックス 309

51 トレブル 309
51-1 バイパス 309

	51-2 ブースト	309
52	反転	309
	52-1 バイパス	309
53	ノッチ	310
	53-1 バイパス	310
	53-2 センター	310
	53-3 Q	310
54	ハイパス	310
	54-1 バイパス	310
	54-2 カットオフ	310
55	バス	311
	55-1 バイパス	311
	55-2 ブースト	311
56	バランス	311
	56-1 バイパス	311
	56-2 バランス	311
57	バンドパス	312
	57-1 バイパス	312
	57-2 センター	312
	57-3 Q	312
58	パラメトリック EQ	312
	58-1 バイパス	312
	58-2 センター	312
	58-3 Q	313
	58-4 ブースト	313
59	ボリューム	313
	59-1 バイパス	313
	59-2 レベル	313
60	マルチタップディレ	313
	60-1 バイパス	314
	60-2 ディレイ 1／2／3／4	314
	60-3 フィードバック 1／2／3／4	314
	60-4 レベル 1／2／3／4	314
61	ミュート	314
	61-1 バイパス	315
	61-2 ミュート	315
	61-3 ミュート 1	315
	61-4 ミュート 2	315
62	ラウドネスレーダー	315
	62-1 プリセット	316
	62-2 カスタムセットアップ	316
63	ローパス	316
	63-1 バイパス	317
	63-2 カットオフ	317
64	右チャンネルを左チャンネルに振る	317
	64-1 バイパス	317
65	左チャンネルを右チャンネルに振る	317

65-1　バイパス ･･･ 318

第19章：ビデオトランジション ･･･ 319

01　3Dモーション ･･･ 319
01-1　キューブスピン ･･ 319
01-2　フリップオーバー ･･ 319

02　アイリス ･･･ 319
02-1　アイリス（クロス） ･･ 320
02-2　アイリス（ダイヤモンド） ･･････････････････････････････････････ 320
02-3　アイリス（円形） ･･ 320
02-4　アイリス（正方形） ･･ 320

03　スライド ･･･ 321
03-1　スプリット ･･ 321
03-2　スライド ･･ 321
03-3　センタースプリット ･･ 321
03-4　帯状スライド（Windowsのみ） ･･････････････････････････････････ 321
03-5　押し出し ･･ 322

04　ズーム ･･･ 322
04-1　クロスズーム ･･ 322

05　ディゾルブ ･･･ 322
05-1　クロスディゾルブ ･･ 322
05-2　ディゾルブ ･･ 323
05-3　フィルムディゾルブ ･･ 323
05-4　ホワイトアウト ･･ 323
05-5　モーフカット ･･ 323
05-6　型抜き ･･･ 323
05-7　暗転 ･･･ 324

06　ページピール ･･･ 324
06-1　ページターン ･･ 324
06-2　ページピール ･･ 324

07　ワイプ ･･･ 324
07-1　くさび形ワイプ（Windowsのみ） ････････････････････････････････ 325
07-2　クロックワイプ（Windowsのみ） ････････････････････････････････ 325
07-3　グラデーションワイプ ･･ 325
07-4　ジグザグブロック（Windowsのみ） ･･････････････････････････････ 325
07-5　スパイラルボックス（Windowsのみ） ････････････････････････････ 325
07-6　チェッカーボード（Windowsのみ） ･･････････････････････････････ 326
07-7　チェッカーワイプ（Windowsのみ） ･･････････････････････････････ 326
07-8　ドア（扉） ･･ 326
07-9　ブラインド（Windowsのみ） ････････････････････････････････････ 326
07-10　ペイントスプラッター（Windowsのみ） ･････････････････････････ 327
07-11　マルチワイプ（Windowsのみ） ･････････････････････････････････ 327
07-12　ランダムブロック（Windowsのみ） ･･････････････････････････････ 327
07-13　ワイプ ･･ 327
07-14　ワイプ（ランダム）（Windowsのみ） ･･･････････････････････････ 327
07-15　ワイプ（放射状）（Windowsのみ） ･･･････････････････････････ 328
07-16　割り込み ･･ 328
07-17　帯状ワイプ（Windowsのみ） ･･･････････････････････････････････ 328

第20章：オーディオトランジション ··329

01　クロスフェード ··329
　　01-1　コンスタントゲイン ···329
　　01-2　コンスタントパワー ···329
　　01-3　指数フェード ···329

第1章：基本エフェクト

　タイムラインに配置したクリップに自動的に適用されるエフェクトで、ムービークリップの場合はビデオエフェクトとオーディオエフェクトの2種類が適用されます。

01　基本ビデオエフェクト

　基本ビデオエフェクトではクリップの位置、大きさ、回転、不透明度、速度、などの属性を設定します。

01-1　モーション

クリップの位置、大きさ、回転などを設定します。各要素にキーフレームを設定することで動きや回転などのアニメーションを作成することもできます。

・位置

　クリップの位置を設定します。2つの数値は画面におけるクリップのアンカーポイントのX座標とY座標で、通常はクリップの中心点の位置になります。
　数値を変更するとクリップが移動し、この［位置］にキーフレームを設定して動きのアニメーションを作成することもできます。
　クリップの位置をドラッグして変更する場合は、エフェクトコントロールパネルの［モーション］の左にあるトランスフォームアイコンをクリックします。すると、プログラムモニターのクリップにハンドルとアンカーポイントが表示され、その状態でクリップをドラッグするとクリップが移動します。

・スケール

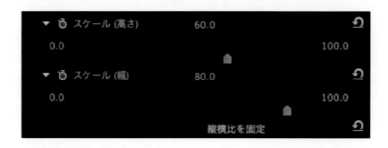

クリップの大きさを設定します。数値はクリップの元の大きさに対するパーセンテージです。
［縦横比を固定］にチェックが入っていると、元の縦横比率を固定したままクリップが拡大／縮小されます。チェックを外すと縦と横で個別に大きさを設定できるようになります。

拡大／縮小するアニメーションを作成する場合は、この［スケール］にキーフレームを設定します。

クリップをドラッグして拡大／縮小させる場合は、エフェクトコントロールパネルの［モーション］の左にあるトランスフォームアイコンをクリックします。すると、プログラムモニターのクリップにハンドルとアンカーポイントが表示され、ハンドルをドラッグするとクリップの大きさが変わります。［縦横比を固定］のチェックが外れている場合はドラッグに応じて縦横比が変化しますが、 shift キーを押しながらドラッグすると縦横比を固定したまま大きさが変化します。

・回転

クリップの回転角度を設定します。回転するアニメーションを作成する場合は、この［回転］にキーフレームを設定します。

クリップをドラッグして回転させる場合は、エフェクトコントロールパネルの［モーション］の左にあるトランスフォームアイコンをクリックします。すると、プログラムモニターのクリップにハンドルとアンカーポイントが表示され、ハンドルの外側にポインタを持っていくとポインタが回転マークに変化します。その状態でドラッグするとクリップが回転します。

・アンカーポイント

クリップを回転させたり拡大／縮小させるときの中心点で、通常はクリップの中央の位置に設定されています。プログラムモニター上のクリップの位置は、このアンカーポイントがある位置のことを示します。

アンカーポイントの位置を数値で変更しても［位置］の情報、つまり画面上のアンカーポイントの位置は変わらないので、数値の変更に応じてクリップが縦や横に移動します。

アンカーポイントの位置をドラッグで変更する場合は、エフェクトコントロールパネルの［モーション］の左にあるトランスフォームアイコンをクリックします。すると、プログラムモ

ニターのクリップにハンドルとアンカーポイントが表示されます。クリップの中央にある円形マークがアンカーポイントで、このマークをドラッグするとアンカーポイントの位置が変わり、同時に［位置］の数値も変化します。

　アンカーポイントの位置を変えた結果はクリップを回転させると明らかです。通常はクリップの中央を軸に回転しますが、アンカーポイントを移動するとその移動した位置を軸にクリップが回転します。

・アンチフリッカー

　ムービークリップの映像内に細いライン模様の服などの細い縞が入っていて、再生するとその部分がちらつくことがあります。これはビデオ表示方法によるもので、このちらつきを「フリッカー」と呼びます。［アンチフリッカー］の値を上げるとちらつきを抑制することができますが、その分映像は少しぼやけます。

01-2　不透明度

　クリップの不透明度を設定します。このブロックでは不透明度以外にも、クリップの一部分だけを表示させるためのマスク設定や、他のクリップと重ね合わせて合成するための描画モードの設定もおこなえます。

・マスク機能

　楕円形、4点の長方形、ベジェ曲線、の3種類のマスクを作成するアイコンがあり、これらを選んでクリップにマスクを生成します。楕円形と長方形マスクはアイコンをクリックしただけですぐにマスクが生成され、プログラムモニターにマスクとマスクを操作するハンドル、エフェクトコントロールパネルにマスクを調整するプロパティが表示されます。

　プログラムモニターのマスクをドラッグしてマスクの位置を変更し、用途に応じて異なる形状のハンドルをドラッグして変形、回転、境界のぼかし、マスク範囲の拡張、などをおこないます。ベジェ曲線マスクの場合はアイコンをクリックし、ペンツールでプログラムモニターにベジェ曲線図形のマスクを描画します。

　変形用のマスクハンドルはマスク境界上をクリックすることで追加できるので、基本となる丸や四角を作った後で自由な形状に変形させていきます。ハンドルを削除する場合はそのハンドルを Alt キー（Mac OSでは Command キー）を押しながらクリックします。

マスクを生成するとエフェクトコントロールパネルにそのマスクを操作するプロパティが表示されます。ここではプログラムモニターでおこなったマスク境界のぼかしや範囲拡張を数値で設定できるほか、マスクのトラッキングや不透明度といった設定もおこなえます。マスクを消去する場合は、この［マスク（ナンバー）］プロパティを選択して Delete キーを押すか、右クリックで［消去］を選びます。

・マスクパス

映像内の動きに応じてマスクを追従移動させます。例えば空を飛ぶ鳥を撮影したムービークリップの鳥の部分にマスクを生成したとします。［マスクパス］のフレームを送るボタンでフレームを進めると、鳥の移動を追従してマスクも移動します。こういったクリップ内の動きを追従することを"トラッキング"といいますが、［マスクパス］の一番右にある［トラッキング方法］でトラッキングする要素を選択します。

・マスクの境界のぼかし

マスクの境界部分のぼかし具合を設定します。

・マスクの不透明度

マスクで切り取った部分の不透明度を設定します。

・マスクの拡張

マスク形状に対するマスクの影響範囲を設定します。値をプラスにするとマスク範囲が広がり、マイナスにするとマスク形状の内側にマスクが縮まっていきます。影響範囲がマスク形状から離れるにしたがってマスクの角が丸まっていきます。

・反転

チェックをいれるとマスク範囲が反転します。

・不透明度

クリップの不透明度を設定します。完全に見える状態が100%で、完全に消える状態が0%です。

・描画モード

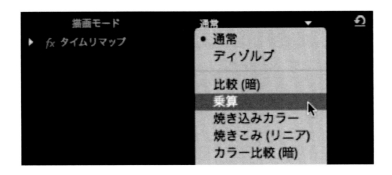

クリップを他のクリップと合成する場合の表示方法を設定します。クリップの色成分を重ねる、明るさを重ねる、といった表示方法で、クリップの内容によりイメージが異なります。

以下の図は、海の夕景の画像の上に紫色の紫陽花の画像を、様々な描画モードで合成した例です。

【図】描画モード［乗算］での合成例

【図】描画モード［焼き込みカラー］での合成例

【図】描画モード［スクリーン］での合成例

【図】描画モード［オーバーレイ］での合成例

01-3　タイムリマップ

　ムービークリップの再生速度を設定します。通常の速度は100%で、数値を下げると遅く、上げると速く再生されるようになります。

・速度

【図】一定速度に変更する

　速度の変更は、まず［速度］の三角マークをクリックしてエフェクトコントロールパネルのタイムライン部分に「ラバーバンド」と呼ばれるラインを表示します。このラインをドラッグして上下させると速度の値が変わります。

【図】クリップの途中から速度を変化させる

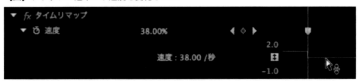

　クリップの途中から速度を変える場合は、速度の変わるフレームで［速度］のキーフレームを設定します。キーフレームを設定すると、ラバーバンドの上部にキーフレームアイコンが表示されます。次にキーフレームの前あるいは後のラバーバンドをドラッグして速度を変更します。これでキーフレームの前後で速度が変わるようになります。

【図】速度を次第に変化させる

速度が次第に変わるようにする場合は、速度変化の設定後にラバーバンドの上部に表示されたキーフレームアイコンを左右に分離します。前後のキーフレームアイコンに挟まれた秒数で速度が変化していきます。前後どちらかのキーフレームアイコンをクリックすると、挟まれた部分のラバーバンドにハンドルが表示され、このハンドルをドラッグして速度変化の直線を曲線に変更することもできます。

02　基本オーディオエフェクト

　基本オーディオエフェクトではクリップの全体音量と左右の音量および左右の音のバランスを設定します。

02-1　ボリューム

　クリップの音量を設定します。［レベル］にキーフレームを設定して音のフェード・イン／アウトを作成することもできます。

・バイパス

オンにすると［レベル］での音量設定が無視されます。

・レベル

クリップの音量を［-∞ dB］から［6 dB］までの間で設定します。

02-2　チャンネルボリューム

クリップの左右の音量を設定します。左右の音量を揃える場合などに使用します。

・バイパス

オンにすると［左］と［右］での左右音量設定が無視されます。

・左

クリップの左チャンネルの音量を［-∞ dB］から［6 dB］までの間で設定します。

・右

クリップの右チャンネルの音量を［-∞ dB］から［6 dB］までの間で設定します。

02-3　パンナー

クリップの音の左右バランスを設定します。［バランス］にキーフレームを設定して音が左右に動く効果を作成することもできます。

・バランス

クリップのチャンネルバランスを設定します。［-100］で左からだけ、［100］で右からだけ音が出るようになります。キーフレームを設定してクリップの音が右から左に流れる、といった

効果を作成することもできます。

第2章：イメージコントロール

クリップの色調や明るさを設定するエフェクト群です。

01　カラーバランス（RGB）

クリップのR、G、B、各チャンネルのレベルを設定します。

01-1　赤

　クリップの赤レベルを設定します。[0] で赤成分が無くなり [100] 以上で赤成分が追加されます。

01-2　緑

　クリップの緑レベルを設定します。[0] で緑成分が無くなり [100] 以上で緑成分が追加されます。

01-3　青

　クリップの青レベルを設定します。[0] で青成分が無くなり [100] 以上で青成分が追加されます。

02　カラーパス

　クリップから特定の色以外の色成分を抜き取って白黒にします。

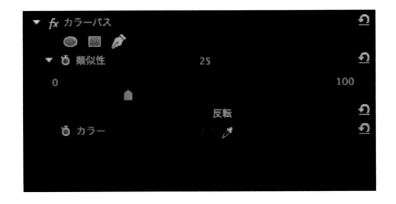

02-1　類似性

　［カラー］で指定した色に近い範囲を設定します。

02-2　反転

　オンにすると［カラー］と［類似性］で指定した部分の色が抜き取られます。

02-3　カラー

　白黒の中に残る色を指定します。カラー表示部分をクリックしてカラーピッカーで色を指定するか、スポイトを選択してプログラムモニターで抜き取りたい色の部分をクリックします。

03　カラー置き換え

クリップ内の特定の色を指定した色に置き換えます。

03-1　類似性

［ターゲットカラー］で指定した色に近い範囲を設定します。

03-2　単色

通常は［置き換えるカラー］と［類似性］で指定した部分の輝度差を保持した状態に［ターゲットカラー］で指定した色を乗せますが、ここをオンにすると設定範囲が単色で塗りつぶされます。

03-3　ターゲットカラー

［置き換える色］で指定した色に置き換える色を指定します。カラー表示部分をクリックしてカラーピッカーで色を指定するか、スポイトを選択してプログラムモニターで置き換えたい色の部分をクリックします。

03-4　置き換えるカラー

［ターゲットカラー］と［類似性］で指定した範囲の色を置き換える色を指定します。カラー表示部分をクリックしてカラーピッカーで色を指定するか、スポイトを選択してプログラムモニターで置き換えたい色の部分をクリックします。

04　ガンマ補正

クリップのガンマ値を変えて明るさを変更します。

04-1　ガンマ

　クリップのガンマ値を設定します。ガンマ値は映像機器の特性に応じた明るさの値で、黒から白に向かって緩やかなカーブを描き、自然な感じで明るさ補正ができます。

05　モノクロ

クリップを白黒にします。

05-1　（モノクロ）

　［モノクロ］エフェクトにはプロパティが存在しません。適用するとすぐに白黒になり、明るさなどそれ以外の調整をする場合は他のエフェクトと併用します。

第3章：カラー補正

クリップの色味を補正するエフェクト群です。

01　3ウェイカラー補正

クリップの色味を3段階の階調で個別に設定します。

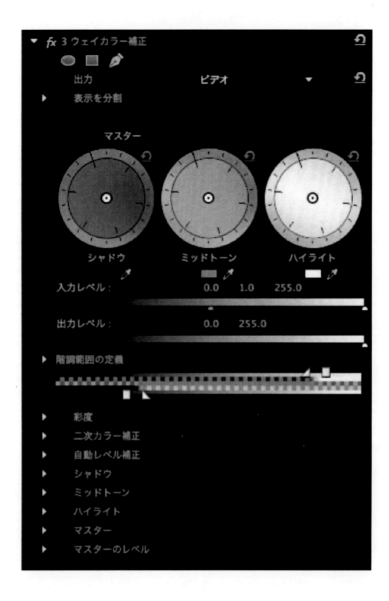

01-1 出力

プログラムモニターに表示する内容を選択します。[ビデオ] は通常の表示、[ルミナンス] は明暗情報のみのグレー表示になります。

01-2　表示を分割

プログラムモニターにオリジナル画像と調整後の画像を分割表示します。

・分割表示

オンにするとオリジナルと調整中の画像が分割表示されます。

・レイアウト

分割するレイアウトを［上下］もしくは［左右］から選択します。

・分割比

画面を分割する割合を設定します。

01-3　ホイール／入出力レベル

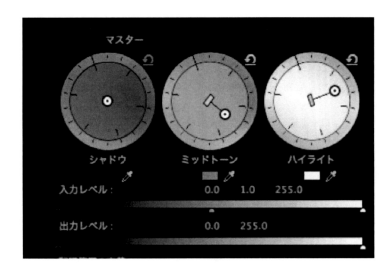

3つのホイールでクリップの3段階の階調の色味を補正し、入出力レベルで明るさを補正します。

・マスター

　オンにすると3つのホイールが連動して動き、クリップ全体の色が調整できるようになります。

・シャドウ／ミッドトーン／ハイライト

　クリップの暗い部分、中間の明るさ部分、明るい部分を個別に色調整するホイールで、中心点をドラッグして色味を赤方向や青方向などに変更します。中心から遠くにドラッグするほど色補正の強度が高くなります。中心部に残った黄色い四角をドラッグした中心点の方向にドラッグすると、その方向の色味がより強調して上乗せされます。ホイールの外円部分をドラッグすると色相が変わって他の色に変化します。

　また、ホイール下のカラーをクリックしてカラーピッカーを表示するか、スポイトでプログラムモニター上の補正したい色部分を指定するとホイールが自動的に補正方向に変化します。

・入力レベル

　クリップ内の最も暗い部分と最も明るい部分、および中間の明るさのレベルを設定します。例えば黒のスライダを内側にドラッグするとクリップのグレーの部分も真黒になっていきます。

・出力レベル

　真黒と真白のレベルを設定します。例えば黒のスライダを内側にドラッグするとクリップの真黒の部分がグレーになっていきます。

01-4　階調範囲の定義

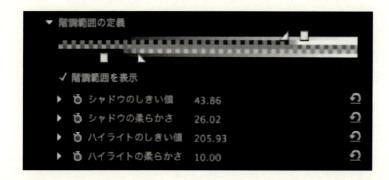

　3段階の階調をどの明るさで区切るかを設定します。黒い部分の四角マークを内側にドラッグすると［シャドウ］の範囲が広がり、三角マークを四角マークから離すと［シャドウ］と［ミッドトーン］との境界が柔らかくなります。同様に白い部分の四角と三角マークで［ハイライト］の範囲を指定します。

・階調範囲を表示

　オンにすると、プログラムモニターに3段階の階調が黒、グレー、白の3色で表示されます。

・シャドウのしきい値

　［シャドウ］部分の範囲を数値で指定します。［階調範囲の定義］の黒い部分の四角マークをドラッグするとこの値も連動して変化します。

・シャドウの柔らかさ

　［シャドウ］と［ミッドトーン］との境界の柔らかさを数値で設定します。［階調範囲の定義］の黒い部分の三角マークをドラッグするとこの値も連動して変化します。

・ハイライトのしきい値

　［ハイライト］部分の範囲を数値で指定します。［階調範囲の定義］の白い部分の四角マークをドラッグするとこの値も連動して変化します。

・ハイライトの柔らかさ

　［ハイライト］と［ミッドトーン］との境界の柔らかさを数値で設定します。［階調範囲の定義］の白い部分の三角マークをドラッグすると、この値も連動して変化します。

01-5　彩度

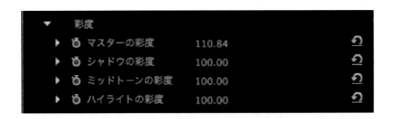

　色の強さを、マスターと3段階の階調で設定します。初期値は［100］で、値を下げると彩度が落ちてグレーに近づき、値を上げると彩度が上がってビビッドな色合いになります。

・マスターの彩度

　全体の彩度を設定します。

・シャドウの彩度

　暗い部分の彩度を設定します。

・ミッドトーンの彩度

中間の明るい部分の彩度を設定します。

・ハイライトの彩度

明るい部分の彩度を設定します。

01-6　二次カラー補正

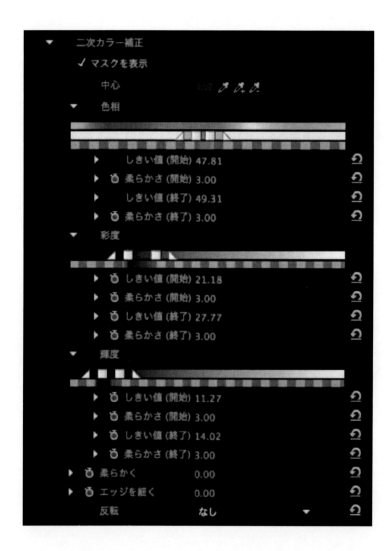

クリップの特定の色部分だけをカラー補正したい場合、ここで色を指定してマスクを生成します。例えばクリップ内の人物の肌色だけを補正したい場合は人物の肌色を指定し、近い色や近い明るさなどを指定してマスクの範囲を設定します。

・マスクを表示

　生成したマスクをプログラムモニターに表示します。

・中心

　マスクにする色を指定します。プラスマークのスポイトツールを使ってマスク部分の色を追加で指定していくことができます。

・色相

　［中心］で指定した色に近い色の範囲を指定してマスクを広げます。［色相］に配置された四角と三角マークをドラッグすると下の数値も連動し、マスクを開始する色相のしきい値と柔らかさ、マスクの終了する色相のしきい値と柔らかさが設定されます。

・彩度

　［中心］で指定した色に近い彩度の範囲を指定してマスクを広げます。マスクした部分の一部が影になって彩度が落ちている場合などに使用します。［彩度］に配置された四角と三角マークをドラッグすると下の数値も連動し、マスクを開始する彩度のしきい値と柔らかさ、マスクの終了する彩度のしきい値と柔らかさが設定されます。

・輝度

　［中心］で指定した色に近い彩度の範囲を指定してマスクを広げます。マスクした部分の一部にテカリがある場合などに使用します。［輝度］に配置された四角と三角マークをドラッグすると下の数値も連動し、マスクを開始する輝度のしきい値と柔らかさ、マスクの終了する輝度のしきい値と柔らかさが設定されます。

・柔らかく

　マスクのエッジをぼかします。

・エッジを細く

　マスクの範囲を拡大／縮小します。

・反転

　マスクの範囲を反転する場合は、ここで［マスクを反転］を選びます。その他に［制限範囲を反転］を選ぶと［色相］や［彩度］などで指定した制限範囲が反転します。

01-7　自動レベル補正

コントラストや黒、白のレベルを自動で補正します。

・自動黒レベル／自動コントラスト／自動白レベル

クリップのコントラストや黒、白のレベルを分析し、自動で補正をおこないます。

・黒レベル

クリップ内で一番黒いとする部分を指定します。初期は真黒が設定されています。

・グレーレベル

クリップ内で中間の明るさとする部分を指定します。初期は50％の黒が設定されています。

・白レベル

クリップ内で一番明るいとする部分を指定します。初期は真白が設定されています。

01-8　シャドウ／ミッドトーン／ハイライト／マスター

```
▼      シャドウ
  ▶ ⏱ シャドウの色相角度          0.0
  ▶ ⏱ シャドウのバランスの強さ      0.00
  ▶ ⏱ シャドウのバランスゲイン      20.00
  ▶ ⏱ シャドウのバランス角度        0.0
▼      ミッドトーン
  ▶ ⏱ ミッドトーンの色相角度        0.0
  ▶ ⏱ ミッドトーンのバランスの強さ    0.00
  ▶ ⏱ ミッドトーンのバランスゲイン    20.00
  ▶ ⏱ ミッドトーンのバランス角度     0.0°
▼      ハイライト
  ▶ ⏱ ハイライトの色相角度         0.0
  ▶ ⏱ ハイライトのバランスの強さ     0.00
  ▶ ⏱ ハイライトのバランスゲイン     20.00
  ▶ ⏱ ハイライトのバランス角度      0.0°
▼      マスター
  ▶ ⏱ マスターの色相角度          0.0
  ▶ ⏱ マスターのバランスの強さ      0.00
  ▶ ⏱ マスターのバランスゲイン      20.00
  ▶ ⏱ マスターのバランス角度        0.0
```

　3段階の階調別の補正とマスターの補正を数値でおこないます。ホイールで補正をおこなうとこの数値も連動して変化します。

・色相角度

　ホイールの外円の角度と連動した数値です。数値を変えると色相が変化して色が変わります。

・バランスの強さ

　ホイールの中心点の移動距離と連動した数値です。青味や赤味などを加える強さの値です。

・バランスゲイン

　ホイールの中心に残る黄色い四角をドラッグした距離と連動する数値です。例えば［バランス角度］と［バランス角度］で色を赤くする設定にし、この［バランスゲイン］の値を上げるとさらに赤色が加わっていきます。

・バランス角度

　ホイールの中心点を移動した方向と連動した数値です。赤や青などの加える色味がこの角度で示されます。

01-9　マスターのレベル

　クリップ全体の黒や白のレベルなどを数値でおこないます。［入力レベル］と［出力レベル］でおこなったドラッグによる設定と連動しています。

・入力レベル

　クリップ内の最も暗い部分と最も明るい部分、および中間の明るさのレベルを設定します。例えば［マスターの黒入力レベル］の値を上げるとクリップのグレーの部分も真黒になっていきます。

・出力レベル

　真黒と真白のレベルを設定します。例えば［マスターの黒出力レベル］の値を上げるとクリップの真黒の部分がグレーになっていきます。

02　Lumetriカラー

　クリップの色味を3段階の階調で個別に設定できるほか、カメラ特性に応じた色補正やフィルム調の色味にするプリセットもあります。

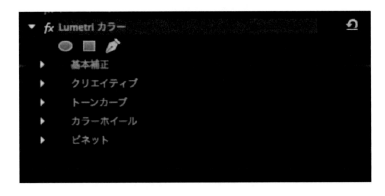

02-1　基本補正

　［Lumetriカラー］エフェクトでクリップの色味をオリジナルから大きく離れたイメージにすることができますが、まずこの［基本設定］でクリップの色を正常な状態に整えます。

・アクティブ

　［基本設定］でおこなった設定をオン／オフします。

・LUT設定

　高画質カメラでは、撮影した高いダイナミックレンジの映像を一般的なビデオフォーマットに収めるために階調を圧縮します。これをそのまま再生すると独自のトーンカーブを持った白っぽい映像になるため、ビデオ編集に使用する際にはオリジナルに近い階調に戻す必要があります。その計算に使用するのがLUT（ルックアップテーブル）で、圧縮された階調（トーンカーブ）はカメラによって異なるので、そのカメラに応じたLUTを選択する必要があります。

・ホワイトバランス

　クリップのホワイトバランスを整えます。

・色温度

　クリップの色味を暖色や寒色方向に傾けます。数値を上げるとクリップの色味が赤くなり、

56　第3章：カラー補正

下げると青くなります。

・色かぶり補正

　撮影時に光の影響で全体に青味や赤味がかってしまうことがあり、これを「色かぶり」といいます。［色かぶり補正］は値を上げるとクリップが赤味がかり、青かぶりの補正をおこないます。値を下げるとクリップが青味がかります。

・トーン

　クリップの明るさを整えます。

・露光量

　撮影時の露光ミスを補正します。値を上げるとクリップが明るくなり、下げると暗くなります。

・コントラスト

　コントラストを補正します。値を上げると明暗の差が強くなります。

・ハイライト

　ハイライト部分のレベルを設定します。

・シャドウ

　シャドウ部分のレベルを設定します。

・白レベル

　真白にする階調範囲を設定します。値を上げるとグレーに近い部分も白になります。

・黒レベル

　真黒にする階調範囲を設定します。値を下げるとグレーに近い部分も黒になります。

・リセット

　［トーン］のすべての設定をリセットします。

・自動

　クリップの内容を解析してコントラストやハイライトなどの［トーン］設定を自動でおこないます。

・彩度

　クリップの色の濃さを設定します。値を下げるとクリップの色味が少なくなり白黒に近づきます。

02-2　クリエイティブ

　クリップの色味を調整してイメージ映像のように変えます。

・アクティブ

　［クリエイティブ］でおこなった設定をオン／オフします。

・LOOK

　クリップを色味や明度などで独特な雰囲気にするプリセットをメニューから選びます。

・強さ

　［LOOK］のかかり具合を設定します。

・調整

　クリップの明るさや彩度などを設定します。

・フェード

値を上げるほどコントラストが弱まります。

・シャープ

値を下げると映像がぼやけ、上げるとエッジが強調されます。

・自然な彩度

色の強さを緩やかに調整します。値を最小値の［-100］まで下げても白黒までにはなりません。

・彩度

色の強さを調整します。最小値の［0］でクリップが白黒になります。

・シャドウ／ハイライト色相調整

ホイールの中を色を指定してシャドウ部分とハイライト部分の色調を個別に設定します。

・色合い

［シャドウ色相調整］と［ハイライト色相調整］の影響する階調範囲が変化します。値を上げるほど［シャドウ色相調整］で設定した色味の範囲が広がり、下げると［ハイライト色相調整］で設定した色味の範囲が広がります。

02-3　トーンカーブ

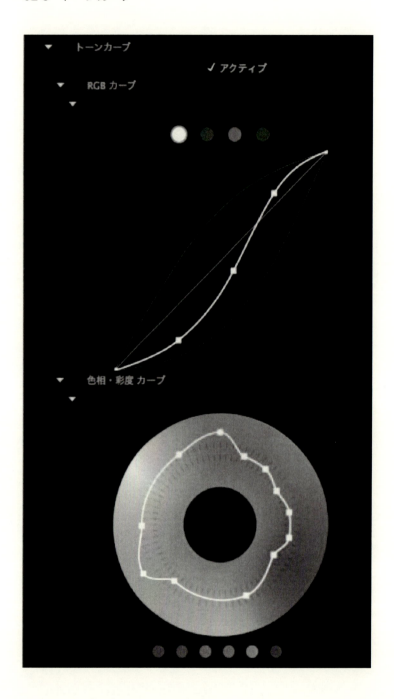

　クリップのRGBバランスを明暗のカーブで設定します。

・アクティブ

　［トーンカーブ］でおこなった設定をオン／オフします。

・RGBカーブ

　全体、R、G、B、の4本のラインで彩度のカーブを個々に設定します。

・色相・彩度カーブ

　カラーホイールと同心円のラインにあるポイントをドラッグして色の強さを調整します。

02-4　カラーホイール

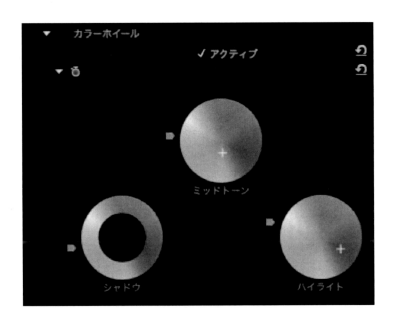

　明暗の3段階の階調で明度と色味の設定を個別におこないます。

・アクティブ

　［カラーホイール］でおこなった設定をオン／オフします。

・シャドウ／ミッドトーン／ハイライト

　クリップの暗い部分、中間の明るさ部分、明るい部分、の3階調のスライダで明度、ホイールで色味の設定をおこないます。

02-5　ビネット

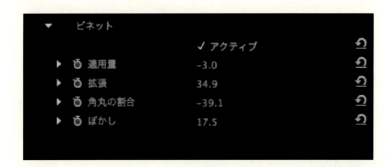

　クリップの四隅に生じる影を生成します。ランプの弱い映写機で投影しているような雰囲気がつくれます。

・アクティブ

　［ビネット］でおこなった設定をオン／オフします。

・適用度

　影の明るさを設定します。値が下がるほど影は暗くなり、上げると白くなります。

・拡張

　値を下げると影が内側に広がっていきます。

・角丸の場合

　値を上げるほど角丸の半径が大きくなり、最大値の［100］では円形になります。

・ぼかし

　影のぼかし具合を設定します。

03　RGBカラー補正

　クリップの色味を設定します。[3ウェイカラー補正]が明暗の3階調を個々に調整するのに対し、[RGBカラー補正]では全体で調整します。

03-1　出力

　プログラムモニターに表示する内容を選択します。[コンポジット]は通常の表示、[ルミナンス]は明暗情報のみのグレー表示、[階調範囲]は3段階の階調を黒、グレー、白、で表示します。

第3章：カラー補正　63

03-2　分割表示

オンにするとオリジナルと調整中の画像が分割表示されます。

03-3　レイアウト

分割するレイアウトを［上下］もしくは［左右］から選択します。

03-4　分割比

画面を分割する割合を設定します。

03-5　階調範囲の定義

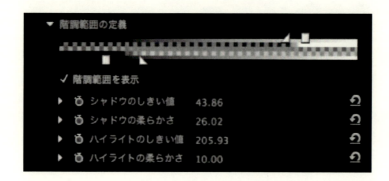

　3段階の階調をどの明るさで区切るかを設定します。この設定をおこなう場合は［出力］を［階調範囲］にして3段階の階調を表示しておくと便利です。黒い部分の四角マークを内側にドラッグすると［シャドウ］の範囲が広がり、三角マークを四角マークから離すと［シャドウ］と［ミッドトーン］との境界が柔らかくなります。同様に白い部分の四角と三角マークで［ハイライト］の範囲を指定します。

・階調範囲を表示

　オンにすると、プログラムモニターに3段階の階調が黒、グレー、白の3色で表示されます。

・シャドウのしきい値

　［シャドウ］部分の範囲を数値で指定します。［階調範囲の定義］の黒い部分の四角マークをドラッグするとこの値も連動して変化します。

・シャドウの柔らかさ

　［シャドウ］と［ミッドトーン］との境界の柔らかさを数値で設定します。［階調範囲の定義］の黒い部分の三角マークをドラッグするとこの値も連動して変化します。

・ハイライトのしきい値

［ハイライト］部分の範囲を数値で指定します。［階調範囲の定義］の白い部分の四角マークをドラッグするとこの値も連動して変化します。

・ハイライトの柔らかさ

［ハイライト］と［ミッドトーン］との境界の柔らかさを数値で設定します。［階調範囲の定義］の白い部分の三角マークをドラッグするとこの値も連動して変化します。

03-6　階調範囲

［ガンマ］以下のプロパティで調整する階調範囲を［マスター］［ハイライト］［ミッドトーン］［シャドウ］の中から選択します。

03-7　ガンマ

［階調範囲］で選択した階調のガンマを調整します。白と黒のレベルを保持したまま中間部分の明るさを調整します。値が大きくなるほど明るくなります。

03-8　ペデスタル

［階調範囲］で選択した階調の明るさのベースとなるセットアップのレベルを設定します。値を上げるとセットアップが上がり明るくなります。

03-9　ゲイン

［階調範囲］で選択した階調の明るさを調整します。値が大きくなるほど明るくなります。

03-10　RGB

［階調範囲］で選択した階調のRGBバランスを調整します。

第3章：カラー補正　65

・赤／緑／青のガンマ

　赤、緑、青、各チャンネルのガンマを調整します。値が大きくなるほど各チャンネルの色味が強調されます。

・赤／緑／青のペデスタル

　赤、緑、青、各チャンネルのセットアップを調整します。値が大きくなるほど各チャンネルの色味が強調されます。

・赤／緑／青のゲイン

　赤、緑、青、各チャンネルの強さを調整します。値が大きくなるほど各チャンネルの色味が強調されます。

03-11　二次カラー補正

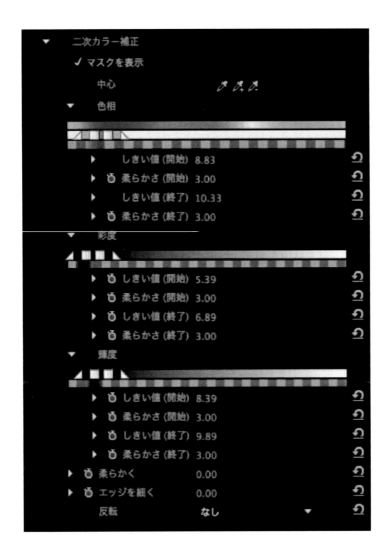

　クリップの特定の色部分だけをカラー補正したい場合、ここで色を指定してマスクを生成します。例えばクリップ内の人物の肌色だけを補正したい場合は人物の肌色を指定し、近い色や近い明るさなどを指定してマスクの範囲を設定します。

・マスクを表示

　生成したマスクをプログラムモニターに表示します。

・中心

　マスクにする色を指定します。プラスマークのスポイトツールを使ってマスク部分の色を追加で指定していくことができます。

・色相

［中心］で指定した色に近い色の範囲を指定してマスクを広げます。［色相］に配置された四角と三角マークをドラッグすると下の数値も連動し、マスクを開始する色相のしきい値と柔らかさ、マスクの終了する色相のしきい値と柔らかさが設定されます。

・彩度

［中心］で指定した色に近い彩度の範囲を指定してマスクを広げます。マスクした部分の一部が影になって彩度が落ちている場合などに使用します。［彩度］に配置された四角と三角マークをドラッグすると下の数値も連動し、マスクを開始する彩度のしきい値と柔らかさ、マスクの終了する彩度のしきい値と柔らかさが設定されます。

・輝度

［中心］で指定した色に近い彩度の範囲を指定してマスクを広げます。マスクした部分の一部にテカリがある場合などに使用します。［輝度］に配置された四角と三角マークをドラッグすると下の数値も連動し、マスクを開始する輝度のしきい値と柔らかさ、マスクの終了する輝度のしきい値と柔らかさが設定されます。

・柔らかく

マスクのエッジをぼかします。

・エッジを細く

マスクの範囲を拡大／縮小します。

・反転

マスクの範囲を反転する場合は、ここで［マスクを反転］を選びます。その他に［制限範囲を反転］を選ぶと［色相］や［彩度］などで指定した制限範囲が反転します。

04　RGBカーブ

クリップの明るさとRGBカーブを各チャンネル毎に調整できます。

04-1　出力

プログラムモニターに表示する内容を選択します。［コンポジット］は通常の表示、［ルミナンス］は明暗情報のみのグレーで表示します。

04-2　分割表示

オンにするとオリジナルと調整中の画像が分割表示されます。

04-3　レイアウト

分割するレイアウトを［上下］もしくは［左右］から選択します。

04-4　分割比

画面を分割する割合を設定します。

04-5　マスター／赤／緑／青

全体の明度とR、G、B各チャンネルのカーブを設定します。

04-6　二次カラー補正

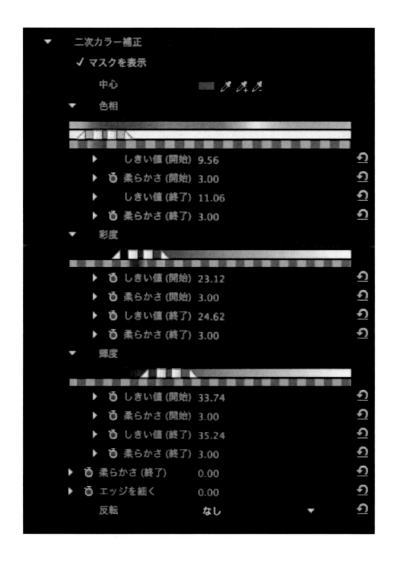

クリップの特定の色部分だけをカラー補正したい場合、ここで色を指定してマスクを生成します。例えばクリップ内の人物の肌色だけを補正したい場合は人物の肌色を指定し、近い色や近い明るさなどを指定してマスクの範囲を設定します。

・マスクを表示

生成したマスクをプログラムモニターに表示します。

・中心

マスクにする色を指定します。プラスマークのスポイトツールを使ってマスク部分の色を追加で指定していくことができます。

・色相

［中心］で指定した色に近い色の範囲を指定してマスクを広げます。［色相］に配置された四角と三角マークをドラッグすると下の数値も連動し、マスクを開始する色相のしきい値と柔らかさ、マスクの終了する色相のしきい値と柔らかさが設定されます。

・彩度

［中心］で指定した色に近い彩度の範囲を指定してマスクを広げます。マスクした部分の一部が影になって彩度が落ちている場合などに使用します。［彩度］に配置された四角と三角マークをドラッグすると下の数値も連動し、マスクを開始する彩度のしきい値と柔らかさ、マスクの終了する彩度のしきい値と柔らかさが設定されます。

・輝度

［中心］で指定した色に近い彩度の範囲を指定してマスクを広げます。マスクした部分の一部にテカリがある場合などに使用します。［輝度］に配置された四角と三角マークをドラッグすると下の数値も連動し、マスクを開始する輝度のしきい値と柔らかさ、マスクの終了する輝度のしきい値と柔らかさが設定されます。

・柔らかく

マスクのエッジをぼかします。

・エッジを細く

マスクの範囲を拡大／縮小します。

・反転

マスクの範囲を反転する場合は、ここで［マスクを反転］を選びます。その他に［制限範囲を反転］を選ぶと［色相］や［彩度］などで指定した制限範囲が反転します。

05　イコライザー

画面全体の輝度や色成分を均一にし、特出した明るさや色味を抑えます。

05-1　イコライザー

イコライズする内容を選びます。［RGB］は色成分、［明るさ］は明るさ、［Photoshopスタイル］はPhotoshopの［平均］フィルタと同じ働きでRGBを均一化します。

05-2　イコライザー量

値を大きくするほど［イコライザー］で設定した要素が均一化されます。

06　カラーバランス

3段階の階調のRGBバランスを個別に調整できます。

06-1　シャドウ赤／緑／青バランス

暗い部分のR、G、B、チャンネルのバランスを個別に調整します。

06-2　ミッドトーン赤／緑／青バランス

中間の明るさ部分のR、G、B、チャンネルのバランスを個別に調整します。

06-3　ハイライト赤／緑／青バランス

明るい部分のR、G、B、チャンネルのバランスを個別に調整します。

06-4　輝度を保持

オンにすると、オリジナルの輝度を保持しながらRGBバランスが調整できます。

07　カラーバランス（HLS）

クリップの色相、明度、彩度を調整します。

07-1　色相

色相を数値もしくはホイールで調整します。

07-2　明度

クリップの明度を調整します。

07-3　彩度

　クリップの彩度を調整します。

08　クイックカラー補正

　クリップの色相、明度、彩度を調整します。自動で黒レベルやコントラストを調整することもできます。

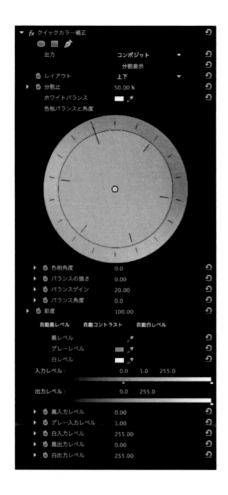

08-1　出力

　プログラムモニターに表示する内容を選択します。[コンポジット]は通常の表示、[ルミナンス]は明暗情報のみのグレー表示します。

08-2　分割表示

　オンにするとオリジナルと調整中の画像が分割表示されます。

08-3　レイアウト

　分割するレイアウトを[上下]もしくは[左右]から選択します。

08-4　分割比

　画面を分割する割合を設定します。

08-5　ホワイトバランス

クリップの中で真白にしたい部分をスポイトでクリックしてホワイトバランスを調整します。

08-6　色相バランスと角度

ホイールで、中心点を任意の色範囲にドラッグして色味を赤方向や青方向などに変更します。中心から遠くにドラッグするほど色補正の強度が高くなります。中心部に残った黄色い四角をドラッグした中心点の方向にドラッグするとその方向の色味がより強調して上乗せされます。ホイールの外円部分をドラッグすると色相の角度が変わって他の色に変化します。

08-7　色相角度

［色相バランスと角度］ホイールの外円と連動して色相角度を調整します。

08-8　バランスの強さ

［色相バランスと角度］ホイールの中心ポイントの移動量と連動して色補正の強度を調整します。

08-9　バランスゲイン

［色相バランスと角度］ホイールの黄色い四角の移動量と連動して上乗せされる色の強さを調整します。

08-10　バランス角度

［色相バランスと角度］ホイールの中心点の移動先の色範囲と連動してクリップの色味を調整します。

08-11　彩度

クリップの色の強さを調整します。

08-12　自動黒レベル／自動コントラスト／自動白レベル

クリップのコントラストや黒、白のレベルを分析し、自動で補正をおこないます。

08-13　黒レベル

クリップ内で一番黒いとする部分を指定します。初期は真黒が設定されています。

08-14　グレーレベル

クリップ内で中間の明るさとする部分を指定します。初期は50%の黒が設定されています。

08-15　白レベル

クリップ内で一番明るいとする部分を指定します。初期は真白が設定されています。

08-16　入力レベル

クリップ内の最も暗い部分と最も明るい部分、および中間の明るさのレベルを設定します。例えば黒のスライダを内側にドラッグするとクリップのグレーの部分も真黒になっていきます。

08-17　出力レベル

真黒と真白のレベルを設定します。例えば黒のスライダを内側にドラッグするとクリップの真黒の部分がグレーになっていきます。

08-18　黒／グレー／白入力レベル

［入力レベル］の黒、グレー、白のスライダと連動し、数値でレベルを調整できます。

08-19　黒／白出力レベル

［出力レベル］の黒、白のスライダと連動し、数値でレベルを調整できます。

09　チャンネルミキサー

1ピクセルに含まれるRGBチャンネルの割合を増やしたり、他のチャンネルの割合と入れ替えるなどの操作をおこないます。

09-1　赤 – 赤／緑 – 緑／青 – 青

1ピクセルに含まれるRGB各チャンネルの割合を増減させます。通常の値は［100］で、［-200］から［200］まで設定できます。

09-2　赤 – 緑／赤 – 青

1ピクセルに含まれる緑、青チャンネルの割合から指定したパーセンテージ分を、赤チャンネルの割合に追加します。

09-3　緑 – 赤／緑 – 青

1ピクセルに含まれる赤、青チャンネルの割合から指定したパーセンテージ分を、緑チャンネルの割合に追加します。

09-4　青– 赤 ／青 – 緑

1ピクセルに含まれる赤、緑チャンネルの割合から指定したパーセンテージ分を、青チャンネルの割合に追加します。

09-5　赤／緑／青 – 定数

赤、緑、青チャンネルに指定した値を追加します。

09-6　モノクロ

オンにすると赤チャンネルの値を使用して白黒になります。

10　ビデオリミッター

明度や彩度を放送規定内に収めます。通常はカラー補正エフェクトの後に適用し、補正の結果飛び出してしまった範囲を抑えます。

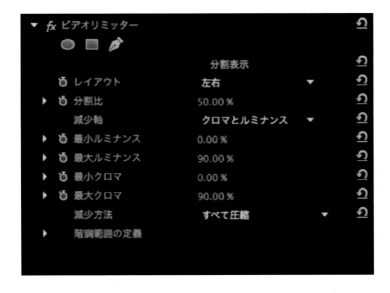

10-1　分割表示

オンにするとエフェクト適用前と調整中の画像が分割表示されます。

10-2　レイアウト

分割するレイアウトを［上下］もしくは［左右］から選択します。

10-3　分割比

画面を分割する割合を設定します。

10-4　減少軸

抑制する内容を［ルミナンス］［クロマ］［クロマとルミナンス］［スマートリミット］の中から選びます。この項目に応じて下の［最小］と［最大］のプロパティ名が変化します。

10-5-1　最小ルミナンス

抑制を開始する最も暗いレベルを指定します。

10-5-2　最大ルミナンス

抑制を開始する最も明るいレベルを指定します。

10-5-3　最小クロマ

抑制を開始する色の弱いレベルを指定します。

10-5-4　最大クロマ

抑制を開始する最も色の強いレベルを指定します。

10-5-5　最小信号

抑制を開始する明るさと彩度の最も弱いレベルを指定します。

10-5-6　最大信号

抑制を開始する明るさと彩度の最も強いレベルを指定します。

10-6　減少方法

［ビデオリミッター］エフェクトは規定オーバー部分を圧縮して抑制します。その圧縮部分は3段階の階調に分かれ、ここで圧縮部分を［ハイライト圧縮］［ミッドトーン圧縮］［シャドウ圧縮］［ハイライトとシャドウ圧縮］［すべて圧縮］の中から選ぶことができます。

10-7　階調範囲の定義

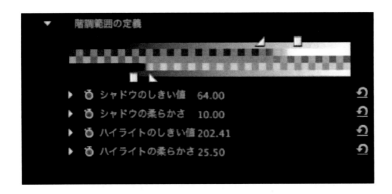

　［減少方法］で選択する3段階の階調範囲をここで設定します。黒い部分の四角マークを内側にドラッグすると［シャドウ］の範囲が広がり、三角マークを四角マークから離すと［シャドウ］と［ミッドトーン］との境界が柔らかくなります。同様に白い部分の四角と三角マークで［ハイライト］の範囲を指定します。

・シャドウのしきい値

　［シャドウ］部分の範囲を数値で指定します。［階調範囲の定義］の黒い部分の四角マークをドラッグすると、この値も連動して変化します。

・シャドウの柔らかさ

　［シャドウ］と［ミッドトーン］との境界の柔らかさを数値で設定します。［階調範囲の定義］の黒い部分の三角マークをドラッグすると、この値も連動して変化します。

・ハイライトのしきい値

　［ハイライト］部分の範囲を数値で指定します。［階調範囲の定義］の白い部分の四角マークをドラッグすると、この値も連動して変化します。

・ハイライトの柔らかさ

　［ハイライト］と［ミッドトーン］との境界の柔らかさを数値で設定します。［階調範囲の定義］の白い部分の三角マークをドラッグすると、この値も連動して変化します。

11　ルミナンスカーブ

カーブを使って明るさを自然な形で補正します。

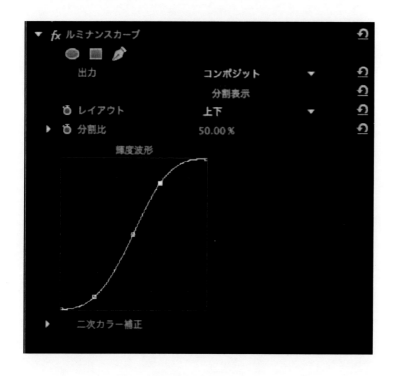

11-1　出力

　プログラムモニターに表示する内容を選択します。［コンポジット］は通常の表示、［ルミナンス］は明暗情報のみのグレー表示になります。

11-2　分割表示

オンにするとオリジナルと調整中の画像が分割表示されます。

11-3　レイアウト

分割するレイアウトを［上下］もしくは［左右］から選択します。

11-4　分割比

画面を分割する割合を設定します。

11-5　輝度波形

輝度のカーブでクリップの明るさを補正します。

11-6　二次カラー補正

クリップの特定の色部分だけをカラー補正したい場合、ここで色を指定してマスクを生成します。例えばクリップ内の人物の肌色だけを補正したい場合は人物の肌色を指定し、近い色や近い明るさなどを指定してマスクの範囲を設定します。

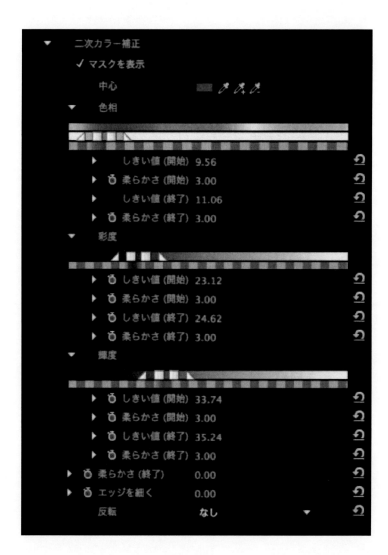

・マスクを表示

　生成したマスクをプログラムモニターに表示します。

・中心

　マスクにする色を指定します。プラスマークのスポイトツールを使ってマスク部分の色を追加で指定していくことができます。

・色相

　［中心］で指定した色に近い色の範囲を指定してマスクを広げます。［色相］に配置された四角と三角マークをドラッグすると下の数値も連動し、マスクを開始する色相のしきい値と柔らかさ、マスクの終了する色相のしきい値と柔らかさが設定されます。

・彩度

　[中心]で指定した色に近い彩度の範囲を指定してマスクを広げます。マスクした部分の一部が影になって彩度が落ちている場合などに使用します。[彩度]に配置された四角と三角マークをドラッグすると下の数値も連動し、マスクを開始する彩度のしきい値と柔らかさ、マスクの終了する彩度のしきい値と柔らかさが設定されます。

・輝度

　[中心]で指定した色に近い彩度の範囲を指定してマスクを広げます。マスクした部分の一部にテカリがある場合などに使用します。[輝度]に配置された四角と三角マークをドラッグすると下の数値も連動し、マスクを開始する輝度のしきい値と柔らかさ、マスクの終了する輝度のしきい値と柔らかさが設定されます。

・柔らかく

　マスクのエッジをぼかします。

・エッジを細く

　マスクの範囲を拡大／縮小します。

・反転

　マスクの範囲を反転する場合は、ここで[マスクを反転]を選びます。その他に[制限範囲を反転]を選ぶと[色相]や[彩度]などで指定した制限範囲が反転します。

12 ルミナンス補正

3段階の階調別に明るさの調整がおこなえます。

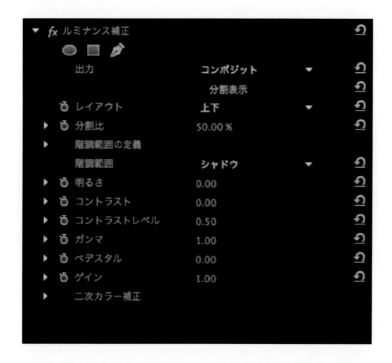

12-1 出力

プログラムモニターに表示する内容を選択します。［コンポジット］は通常の表示、［ルミナンス］は明暗情報のみのグレー表示、［階調範囲］は3段階の階調が黒、グレー、白、の3色で表示されます。

12-2　分割表示

オンにするとオリジナルと調整中の画像が分割表示されます。

12-3　レイアウト

分割するレイアウトを［上下］もしくは［左右］から選択します。

12-4　分割比

画面を分割する割合を設定します。

12-5　階調範囲の定義

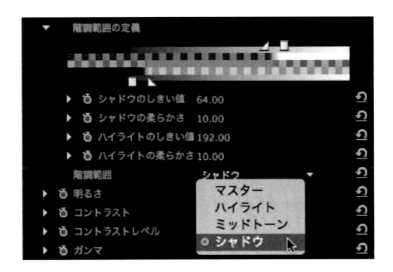

　［階調範囲］で選択する3段階の階調範囲を設定します。黒い部分の四角マークを内側にドラッグすると［シャドウ］の範囲が広がり、三角マークを四角マークから離すと［シャドウ］と［ミッドトーン］との境界が柔らかくなります。同様に白い部分の四角と三角マークで［ハイライト］の範囲を指定します。

・シャドウのしきい値

　［シャドウ］部分の範囲を数値で指定します。［階調範囲の定義］の黒い部分の四角マークをドラッグすると、この値も連動して変化します。

・シャドウの柔らかさ

　［シャドウ］と［ミッドトーン］との境界の柔らかさを数値で設定します。［階調範囲の定義］の黒い部分の三角マークをドラッグすると、この値も連動して変化します。

・ハイライトのしきい値

［ハイライト］部分の範囲を数値で指定します。［階調範囲の定義］の白い部分の四角マークをドラッグすると、この値も連動して変化します。

・ハイライトの柔らかさ

［ハイライト］と［ミッドトーン］との境界の柔らかさを数値で設定します。［階調範囲の定義］の白い部分の三角マークをドラッグすると、この値も連動して変化します。

12-6　階調範囲

明るさを調整する階調範囲を［マスター］［ハイライト］［ミッドトーン］［シャドウ］の中から選択します。

12-7　明るさ

［階調範囲］で選んだ階調範囲の明るさを調整します。

12-8　コントラスト

［階調範囲］で選んだ階調範囲のコントラストを調整します。

12-9　コントラストレベル

コントラストの基準となる明るさを指定します。

12-10　ガンマ

［階調範囲］で選択した階調のガンマを調整します。白と黒のレベルを保持したまま中間部分の明るさを調整します。値が大きくなるほど明るくなります。

12-11　ペデスタル

［階調範囲］で選択した階調の明るさのベースとなるセットアップのレベルを設定します。値を上げるとセットアップが上がり明るくなります。

12-12　ゲイン

［階調範囲］で選択した階調の明るさを調整します。値が大きくなるほど明るくなります。

12-13　二次カラー補正

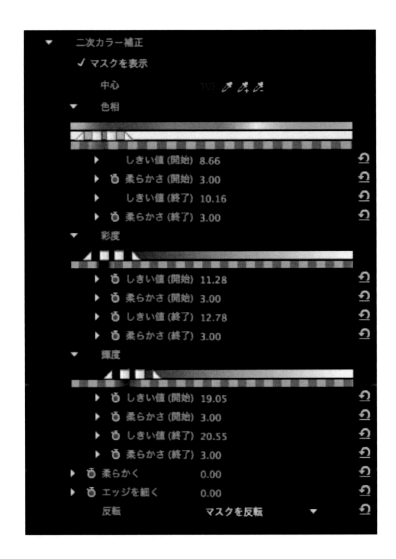

　クリップの特定の色部分だけの明るさを補正したい場合、ここで色を指定してマスクを生成します。例えばクリップ内の人物の肌色だけの明るさを補正したい場合は人物の肌色を指定し、近い色や近い明るさなどを指定してマスクの範囲を設定します。

・マスクを表示

　生成したマスクをプログラムモニターに表示します。

・中心

　マスクにする色を指定します。プラスマークのスポイトツールを使ってマスク部分の色を追加で指定していくことができます。

・色相

　［中心］で指定した色に近い色の範囲を指定してマスクを広げます。［色相］に配置された四角と三角マークをドラッグすると下の数値も連動し、マスクを開始する色相のしきい値と柔らかさ、マスクの終了する色相のしきい値と柔らかさが設定されます。

・彩度

　［中心］で指定した色に近い彩度の範囲を指定してマスクを広げます。マスクした部分の一部が影になって彩度が落ちている場合などに使用します。［彩度］に配置された四角と三角マークをドラッグすると下の数値も連動し、マスクを開始する彩度のしきい値と柔らかさ、マスクの終了する彩度のしきい値と柔らかさが設定されます。

・輝度

　［中心］で指定した色に近い彩度の範囲を指定してマスクを広げます。マスクした部分の一部にテカリがある場合などに使用します。［輝度］に配置された四角と三角マークをドラッグすると下の数値も連動し、マスクを開始する輝度のしきい値と柔らかさ、マスクの終了する輝度のしきい値と柔らかさが設定されます。

・柔らかく

　マスクのエッジをぼかします。

・エッジを細く

　マスクの範囲を拡大／縮小します。

・反転

　マスクの範囲を反転する場合は、ここで［マスクを反転］を選びます。その他に［制限範囲を反転］を選ぶと［色相］や［彩度］などで指定した制限範囲が反転します。

13　他のカラーへ変更

特定の色を指定した色に変更します。

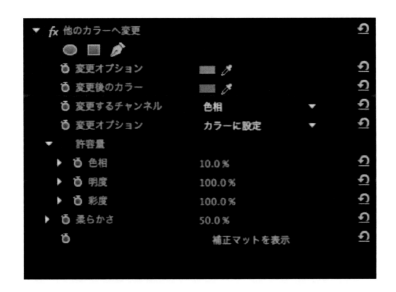

13-1　変更オプション

変更する色を指定します。

注：このプロパティ名は正式には［変更するカラー］ですが、2015年8月現在、バグにより［変更オプション］という名称になっています。

13-2　変更後のカラー

変更後の色を設定します。

13-3　変更するチャンネル

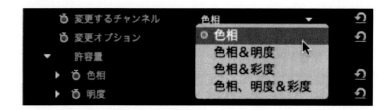

指定した色の他に、明度や彩度も変更の範囲に加えることができます。

13-4　変更オプション

色の変更方法を指定します。［カラーに設定］は指定した色をそのまま設定色に変換します。［カラーに変換］は彩度や明度も変換要素に入れて自然な変換をおこないます。

13-5　許容量

指定した色に近い範囲を設定し、変更範囲を決めます。

・色相

指定した色に近い色相を設定します。

・明度

指定した色に近い明度を設定します。

・彩度

指定した色に近い彩度を設定します。

13-6　柔らかさ

［許容量］で設定した範囲の境界線をぼかします。

13-7　純正マットを表示

オンにすると［許容量］で設定した範囲をプログラムモニターに白黒で表示します。

14　色かぶり補正

クリップが赤味がかったり青味がかる、といった色かぶりを補正します。

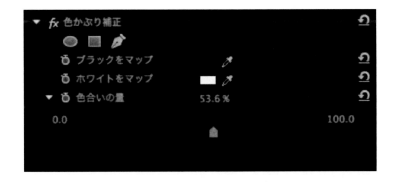

14-1　ブラックをマップ

最終的に黒とする色を指定します。

14-2　ホワイトをマップ

最終的に白とする色を指定します。

14-3　色合いの量

完全に色を抜いた状態は白黒なので、この［色合いの量］でオリジナルの色と合成して最終的な色味に仕上げます。

15　色を変更

クリップの色相、明度、彩度を調整します。

15-1　表示

プログラムモニターに表示する内容を選択します。［レイヤー補正］は通常の表示、［カラー補正マスク］はマッチングのプロパティで設定した範囲が白黒で表示されます。

15-2　色相の変更

　指定した色部分の色相を変更します。

15-3　明度の変更

　指定した色部分の明度を変更します。

15-4　彩度の変更

　指定した色部分の彩度を変更します。

15-5　変更するカラー

　変更する色を指定します。

15-6　マッチングの許容度

　［変更するカラー］で指定した色に近い色の範囲を設定します。ここで指定した範囲の色が変更されます。

15-7　マッチングの柔軟度

　［変更するカラー］と［マッチングの許容量］で設定した色変更範囲の境界線をぼかします。

15-8　マッチングの適用

　［変更するカラー］と［マッチングの許容量］で設定した範囲のどの要素を色変更に使用するかを［RGB使用］［色相使用］［クロマ使用］の中から選びます。

15-9　カラー補正マスク反転

　オンにすると色を変更する範囲が反転します。

16　色抜き

指定した色以外を白黒にします。

16-1　色抜き量

白黒にする度合いを設定します。

16-2　保持するカラー

白黒にせず残す色を指定します。

16-3　許容量

［保持するカラー］で指定した色に近い色範囲を設定します。

16-4　エッジの柔らかさ

［保持するカラー］と［許容量］で設定した色範囲の境界線をぼかします。

16-5　マッチングの適用

［保持するカラー］と［許容量］で設定した色範囲のどの要素を色抜きに使用するかを、［RGBを使用］か［色相を使用］から選びます。

17　輝度＆コントラスト

クリップ全体の明るさとコントラストを調整します。

17-1　明るさ

クリップの明るさを調整します。

17-2　コントラスト

クリップのコントラストを調整します。

第4章：キーイング

特定部分を透明にするエフェクト群です。

01　Ultraキー

クリップの特定の色を透明にして他のクリップと合成します。

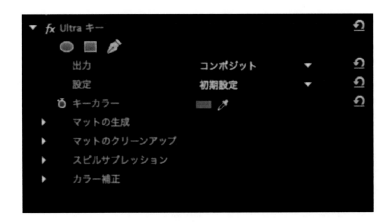

01-1 出力

プログラムモニターに表示する内容を選択します。［コンポジット］はキーイング結果が表示される通常の状態、［アルファチャンネル］はキーイングで生成されたマットが表示され、［カラーチャンネル］はキーイングされた部分がグレーに塗りつぶされ、合成する部分のカラー補正に適した表示になります。

01-2 設定

キーイングの強さを選びます。キーイングで生成されたマットを調整するプロパティを操作すると自動的に［カスタム］になります。

01-3 キーカラー

キーイングする色を指定します。

01-4 マットの生成

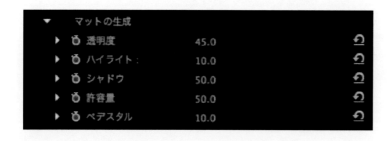

キーイングして合成する部分の調整をします。

102　第4章：キーイング

・透明度

合成部分の透明度を設定します。［ハイライト］や［シャドウ］プロパティと合わせて使用します。

・ハイライト

合成部分の明るい部分の不透明度を設定します。

・シャドウ

合成部分の暗い部分の不透明度を設定します。

・許容量

キーイングに使用する色の近似色の範囲を設定します。

・ペデスタル

透明にする基準レベルを設定します。透明部分にノイズが残っている場合はこの値を上げます。

01-5　マットのクリーンアップ

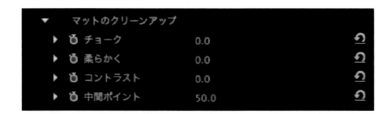

キーイングで生成されたマットの調整をおこないます。

・チョーク

マットの範囲を拡張します。

・柔らかく

マットの境界線をぼかします。

・コントラスト

マットのコントラストを調整します。

・中間ポイント

［コントラスト］の中間にする明るさを設定します。

01-6　スピルサプレッション

```
▼  スピルサプレッション
  ▶ 彩度を下げる    25.0    ↺
  ▶ 範囲           50.0    ↺
  ▶ スピル         50.0    ↺
  ▶ 輝度           50.0    ↺
```

合成部分に写り込んだキーカラーの色味を「スピル」と言いますが、そのスピルを除去します。

・彩度を下げる

合成部分の彩度を下げます。値を上げるほど白黒に近づきます

・範囲

除去するスピルの量を調整します。

・スピル

スピルの除去量を調整します。

・輝度

スピル部分の輝度を調整します。

01-7　カラー補正

合成部分の色味を補正します。

・彩度

合成部分の彩度を調整します。

・色相

　合成部分の色相を調整します。

・輝度

　合成部分の輝度を調整します。

02　アルファチャンネルキー

クリップのアルファチャンネルをコントロールします。

02-1　不透明度

アルファチャンネルで合成した部分の不透明度を設定します。

02-2　アルファを無視

オンにすると、アルファチャンネルが無視されクリップ全体を表示します。

02-3　アルファを反転

オンにすると、アルファチャンネルを反転して合成部分を逆にします。

02-4　マスクのみ

オンにすると、合成部分のマスクが表示されます。

03　イメージマットキー

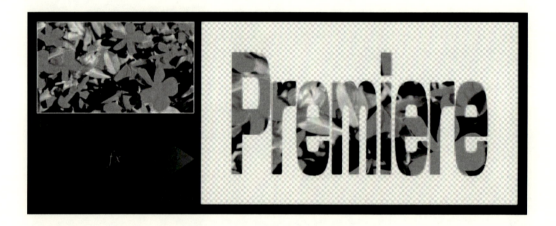

外部画像ファイルの明暗もしくはアルファチャンネルを使ってクリップを合成します。

03-1　設定

　［イメージマットキー］の右端にあるボタンをクリックして、マスクに使用する画像を指定します。

03-2　コンポジット用マット

　画像のどの要素をマスクに使用するかを選択します。［アルファマット］は画像の持つアルファチャンネルをマスクに使用し、［ルミナンスマット］は画像の明暗をマスクに使用します。

03-3　反転

　マスクが反転し、合成される部分が逆になります。

04　カラーキー

特定の色を透明にして他のクリップに合成します。

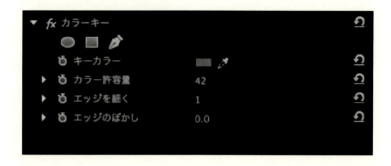

04-1　キーカラー

透明にする色を指定します。

04-2　カラー許容量

指定した色の近似色の範囲を調整します。

04-3　エッジを細く

マスク範囲を拡張／縮小します。値を大きくするとマスク範囲が拡張します。

04-4　エッジのぼかし

マスクの境界をぼかします。

05　トラックマットキー

ビデオトラックに配置した画像クリップの明暗もしくはアルファチャンネルを使ってクリップを合成します。

05-1　マット

マットに使用するクリップを配置したビデオトラックを指定します。

05-2　コンポジット用マット

画像のどの要素をマスクに使用するかを選択します。[アルファマット]は画像の持つアルファチャンネルをマスクに使用し、[ルミナンスマット]は画像の明暗をマスクに使用します

05-3　反転

マスクが反転し、合成される部分が逆になります。

06　マット削除

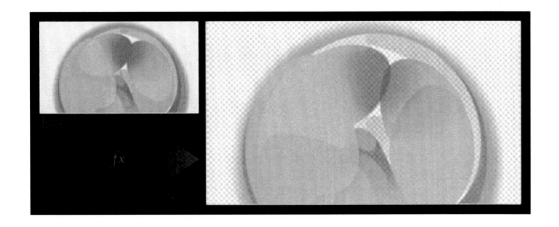

アルファ付き画像を合成した場合、マスクの半透明部分に背景色が混じりますが、このエフェクトで混在した白色か黒色を除去できます。

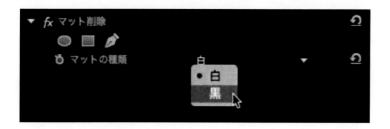

06-1　マットの種類

マットから除去する色を白か黒か選びます。

07　ルミナンスキー

クリップの暗い部分や明るい部分を透明にして他のクリップに合成します。

07-1　しきい値

透明にする暗い部分の範囲を調整します。値が大きいほどグレーの部分まで透明になっていきます。また、値を小さくして［カットオフ］値を上げていくと明るい部分が透明になります。

07-2　カットオフ

明暗で生成されたマスクのコントラストを上げます。暗い部分を透明にする場合、値を上げて［しきい値］に近づけるほど透明部分が広がっていきます。値が［しきい値］を越えると透明になる部分が暗さから明るさに変わります。

08　異なるマット

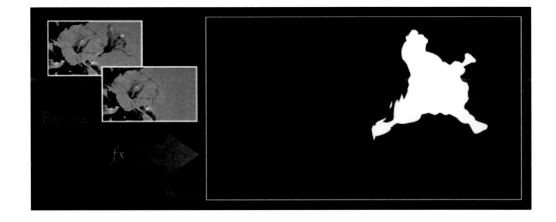

2つのクリップを比較して異なる部分をマットにします。

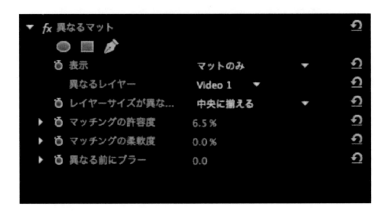

08-1　表示

　プログラムモニターに表示する内容を選択します。［最終出力］はマット生成後の合成結果、［ソースのみ］はエフェクトをバイパスしたクリップの内容、［マットのみ］は生成されたマットを表示します。

08-2　異なるレイヤー

　エフェクトを適用したクリップと比較するクリップを配置したビデオトラックを指定します。

08-3　レイヤーサイズが異なる場合

　比較する2つのクリップのサイズが異なる場合の調整方法を［中央に揃える］と［サイズに合わせて伸縮］から選びます。

08-4　マッチングの許容度

　マスク生成する比較度合いを調整します。

08-5　マッチングの柔軟度

　マットの境界線を滑らかにします。

08-6　異なる前にブラー

　マットをぼかします。

09　赤以外キー

RGBの中の赤以外、つまり青または緑を透明にして他のクリップと合成します。

09-1　しきい値

青または緑を透明にする色の近似範囲を調整します。

09-2　カットオフ

生成されたマスクのコントラストを上げます。値を上げて［しきい値］に近づけるほど合成部分の不透明度が上がっていきます。

09-3　フリンジの除去

マスクの境界部分から、緑か青の色味を除去します。

09-4　スムージング

マスクの境界線のぼかし具合を［なし］［弱］［強］から選びます。

09-5　マスクのみ

オンにすると合成部分にマスクのみが表示されます。

第5章：スタイライズ

質感を変化させるエフェクト群です。

01　しきい値

クリップを二値化して明暗レベルを調整します。

01-1　レベル

エフェクトを適用するとすぐに白黒になり、この［レベル］で明暗部分のバランスを調整します。

02 アルファグロー

アルファチャンネル付きクリップのアルファ境界線にグローを生成します。

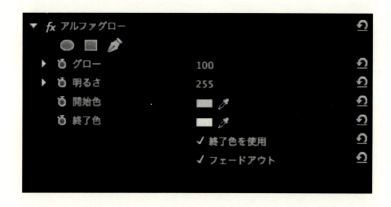

02-1 グロー

グローの大きさを設定します。

02-2 明るさ

グローの明るさを設定します。

02-3 開始色

グロー発生部分の色を指定します。

02-4 終了色

グローの拡散部分の色を指定します。

02-5　終了色を使用

グローの拡散部分に［終了色］で指定した色を加えます。

02-6　フェードアウト

オンにすると光がフェードアウトするグローになります。

03　エンボス

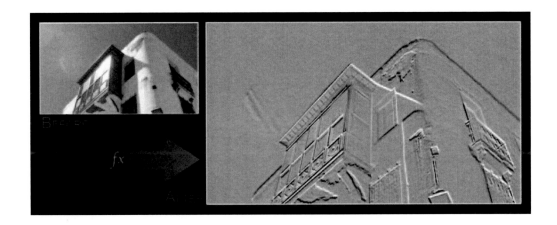

クリップの明度差を利用してエンボスを形成します。

03-1　方向

エンボスの光の方向を設定します。

03-2 レリーフ

エンボスの高さを設定します。

03-3 コントラスト

エンボスのコントラストを調整します。

03-4 元の画像とブランド

エンボスを元の画像に半透明で合成します。

---

04 カラーエンボス

クリップの明度差を利用し、オリジナルの色を生かしたエンボスを形成します。

04-1　方向

　エンボスの光の方向を設定します。

04-2　レリーフ

　エンボスの高さを設定します。

04-3　コントラスト

　エンボスのコントラストを調整します。

04-4　元の画像とブランド

　エンボスを元の画像に半透明で合成します。

05　ストロボ

　ストロボが当たるように、一定間隔あるいはランダムで画面を白くします。

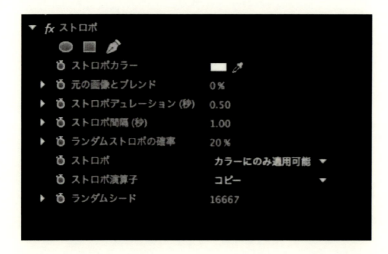

05-1　ストロボカラー

ストロボライトの色を設定します。

05-2　元の画像とブレンド

クリップとストロボの割合を設定します。［0］ではストロボの色だけの画像になります。

05-3　ストロボデュレーション（秒）

ストロボが当たっている時間を設定します。

05-4　ストロボ間隔（秒）

ストロボを当てる間隔を設定します。

05-5　ランダムストロボの確率

［ランダムシード］でストロボ間隔のランダムを設定した場合、ここでそのランダムになる確率を設定します。［0］にすると［ランダムシード］でランダム値を設定してもランダムにはなりません。

05-6　ストロボ

ストロボの種類を選択します。［カラーにのみ適用可能］ではクリップに指定したライトが当たりますが、［レイヤーを透明にする］ではストロボの当たっている間クリップが透明になります。

05-7　ストロボ演算子

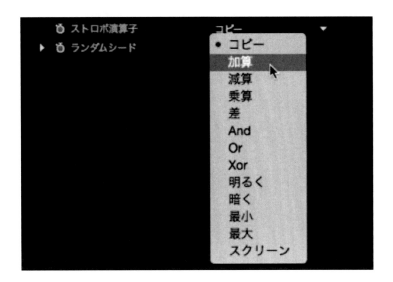

クリップに当たるストロボの演算方法を選択します。クリップに対してストロボの色を加える、あるいは取り除く、といった演算子で、クリップの内容とストロボの色により効果は異なります。

05-8　ランダムシード

ストロボを当てる間隔のランダム度合いを設定します。

06　ソラリゼーション

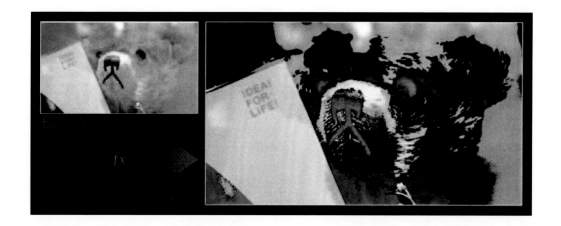

オリジナルと色の反転をミックスさせます。

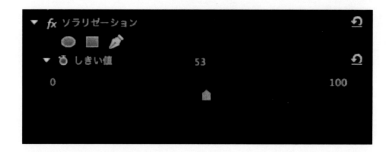

06-1　しきい値

反転領域の度合いを設定します。

07　テクスチャ

他のクリップの輝度を使ったエンボスを加えます。

07-1　テクスチャレイヤー

　テクスチャに使用するクリップを配置したビデオトラックを指定します。テクスチャレイヤーに指定されたビデオトラックはそのまま表示状態になるので、テクスチャのクリップはエフェクトを適用するクリップより下のビデオトラックに配置しておきます。

07-2　ライトの照射方向

　テクスチャを浮かび上がらせるライトの照射方向を設定します。

07-3　テクスチャコントラスト

　テクスチャのコントラストを調整します。

07-4　テクスチャ置き換え

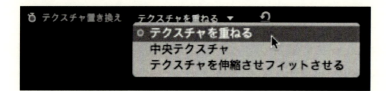

　エフェクトを適用したクリップとテクスチャに使用するクリップのサイズが異なる場合、どのようにテクスチャを生成するかを選択します。例えばテクスチャのクリップが半分の大きさだった場合、[テクスチャを重ねる]では繰り返しパターンで生成し、[中央テクスチャ]では中央の50%部分にだけテクスチャが生成され、[テクスチャを伸縮させフィットさせる]では200%拡大したテクスチャが生成されます。

第6章：チャンネル

RGB等のチャンネルへのエフェクト群です。

01　アリスマチック

クリップのRGB各チャンネルにレベルと演算方法を設定します。

01-1　演算子

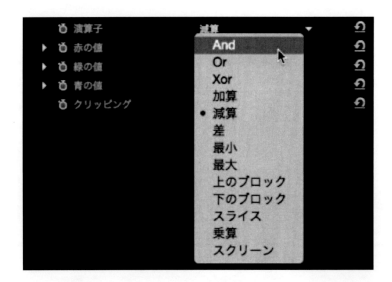

　RGB各チャンネルの演算子を選択します。例えばクリップの中の赤の色成分を増加させる、あるいは取り除く、といった演算子で、各チャンネルの値と組み合わせて効果をつくります。

01-2　赤／緑／青の値

　RGB各チャンネルのレベルです。初期値は［0］で、［演算子］で選択した計算をおこなうレベルを設定します。

01-3　クリッピング

　オンにすると色表示のレベルオーバーを抑えます。

02 ブレンド

5種類の描画モードで他のクリップと合成します。

02-1 レイヤーとブレンド

合成するクリップを配置したビデオトラックを指定します。

02-2　モード

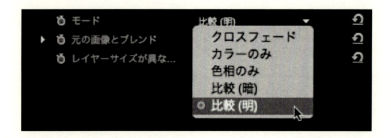

　合成する描画モードを選択します。モードによる合成結果はクリップの内容により大きく異なります。

02-3　元の画像とブレンド

　［モード］で選択した描画モードによる合成の度合いを設定します。値を下げるほど合成用に指定したクリップが現れてきます。

02-4　レイヤーサイズが異なる場合

　合成用クリップのサイズがエフェクトを適用したクリップと異なる場合の操作方法を選択します。［中央に揃える］はクリップのサイズを変えず2つのクリップの中央を揃えて合成します。［サイズを合わせて伸縮］は合成用クリップのサイズをエフェクトを適用したクリップのサイズに合わせます。

03 マット設定

自身や他のクリップのRGB、輝度、明度などの成分を合成用マットに使用します。

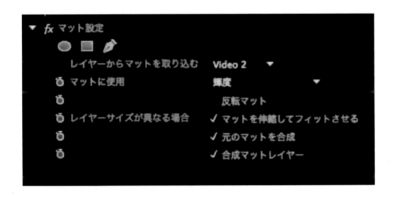

03-1 レイヤーからマットを取り込む

マットに使用するクリップを配置したビデオトラックを指定します。

03-2　マットに使用

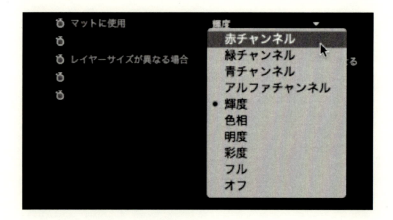

　［レイヤーからマットを取り込む］で指定したクリップのどの成分を合成マットに使用するかを選択します。

03-3　反転マット

　オンにするとマットが反転します。

03-4　マットを伸縮してフィットさせる

　指定したクリップのサイズがエフェクトを適用したクリップと異なる場合、ここをオンにすると合成用クリップのサイズがエフェクトを適用したクリップのサイズと同じになります。

03-5　元のマットを合成

　オンにすると現在のマットに新しいマットが合成されます。例えばアルファチャンネル付きクリップにこのエフェクトを適用して合成すると普段透明になっている領域にも影響を及ぼしますが、ここをオンにするとアルファチャンネルで合成されている部分にのみ効果が現れます。

03-6　合成マットレイヤー

　［マットに使用］で選択した成分に加えアルファチャンネルも取り込まれます。

04 単色合成

クリップに任意の単色を選択した描画モードで合成します。

04-1 ソースの不透明度

クリップのオリジナル画像の不透明度を設定します。値が小さくなるほど単色が強く合成されます。

04-2 カラー

合成する単色を指定します。

04-3 不透明度

単色の不透明度を設定します。

04-4 描画モード

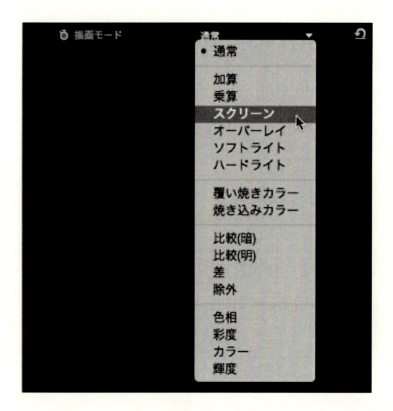

単色の描画モードを選択します。

05 反転

クリップの色情報を反転します。

05-1　チャンネル

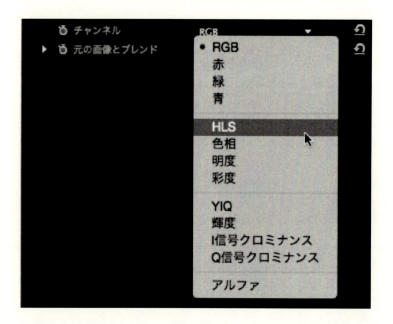

反転するチャンネルを選択します。

05-2　元の画像とブレンド

　反転した画像にオリジナルの画像を合成します。値が大きくなるほどオリジナル画像に近づきます。

06　合成アリスマチック

他のクリップと任意の演算子で合成します。

06-1　第2ソースレイヤー

合成するクリップを配置したビデオトラックを指定します。

06-2 演算子

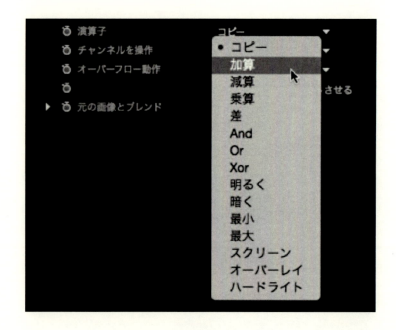

クリップを合成する演算子を選択します。

06-3 チャンネルを操作

エフェクトを適用するチャンネルを選択します。

06-4 オーバーフロー動作

合成によりレベルオーバーした色部分の処理方法を選択します。[クリップ]は許容レベルだ

けを表示し、[ラップ] はオーバーすると0に戻して循環し、[スケール] はレベルの最大値と最小値を分析してその範囲を許容レベルに伸縮します。

06-5　第2ソースをフィットさせる

合成するクリップ同士のサイズが異なる場合、ここをオンにすると合成するクリップがエフェクトを適用したクリップのサイズに合わせて伸縮されます。

06-6　元の画像をブレンド

演算子で合成された画像にオリジナルの画像を合成します。値が大きくなるほどオリジナル画像に近づきます。

07　計算

クリップの任意のチャンネルと他クリップのチャンネルを合成します。

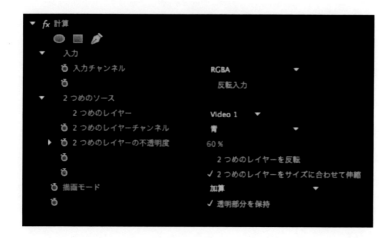

07-1　入力

エフェクトを適用したクリップのどのチャンネルに合成するかを設定します。

・入力チャンネル

合成するチャンネルを指定します。

・反転入力

指定したチャンネルを反転します。

07-2　2つめのソース

合成するクリップとチャンネルを設定します。

・2つめのレイヤー

合成するクリップを配置したビデオトラックを指定します。

・2つめのレイヤーチャンネル

合成するチャンネルを指定します。

・2つめのレイヤーの不透明度

合成度合いを設定します。値を上げるほど強く合成されます。

・2つめのレイヤーを反転

合成するチャンネル内容を反転します。

・2つめのレイヤーをサイズに合わせて伸縮

合成するクリップ同士のサイズが異なる場合、ここをオンにすると合成するクリップがエフェクトを適用したクリップのサイズに合わせて伸縮されます。

07-3　描画モード

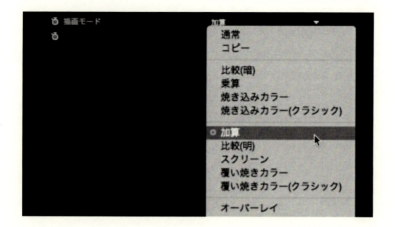

指定したチャンネルを合成する描画モードを選択します。

07-4　透明部分を保持

クリップのアルファチャンネルを保持します。

第7章：ディストーション

映像を歪めるエフェクト群です。

01　オフセット

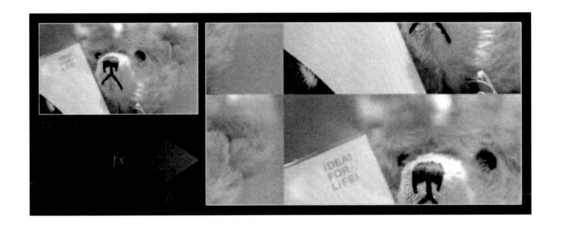

クリップの位置を上下左右に移動してくり返し表示します。

01-1　中央をシフト

クリップの中心座標を設定します。

01-2　元の画像とブレンド

移動したクリップに元の画像を合成します。値が大きくなるほどオリジナル画像に近づきます。

02　コーナーピン

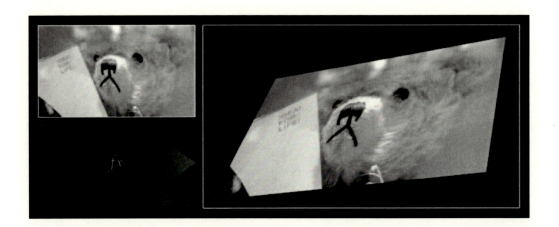

クリップの四隅の位置を変更して映像を歪めます。

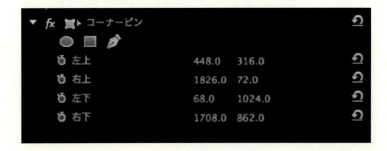

02-1　（トランスフォームアイコン）

コーナーピンの文字の左にあるトランスフォームアイコンをクリックするとプログラムモニターにクリップのハンドルが表示されます。このハンドルをドラッグして四隅を移動することができます。

02-2　左上／右上／左下／右下

クリップの四隅の座標です。これらの数値を変えて四隅の位置を変更します。

03 ズーム

クリップの一部を拡大します。拡大部分を描画モードで合成することもできます。

03-1 シェイプ

拡大領域の形状を［円］と［正方形］から選択します。

03-2　中心

拡大領域の中心座標を設定します。

03-3　拡大率

拡大率を設定します。

03-4　リンク

拡大領域と拡大率との関連性を選びます。［サイズを拡大率に比例］を選ぶと［拡大率］の値に応じて拡大領域が広がります。［サイズとぼかしを拡大率に比例］ではさらに［ぼかし］の値も［拡大率］に比例して変化します。

03-5　サイズ

拡大領域の大きさを設定します。

03-6　ぼかし

拡大領域の境界のぼかし量を設定します。

03-7　不透明度

拡大領域の不透明度を設定します。値を下げると元の大きさの部分が現れてきます。

03-8　サイズ

拡大部分の画像処理方法を選択します。拡大率を大幅に上げた時に効果が現れます。［ソフト］は拡大した部分のピクセルをスムーズにし、［拡散］はノイズを生成してピクセルをなじませます。

03-9　描画モード

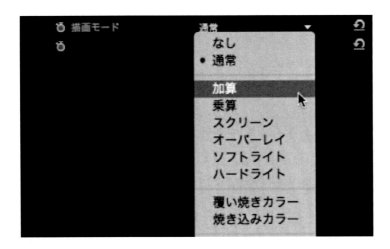

拡大部分と元の画像を合成する描画モードを選択します。

03-10　レイヤーのサイズを変更

オンにすると拡大領域がクリップの外まで広げられます。

04　タービュレントディスプレイス

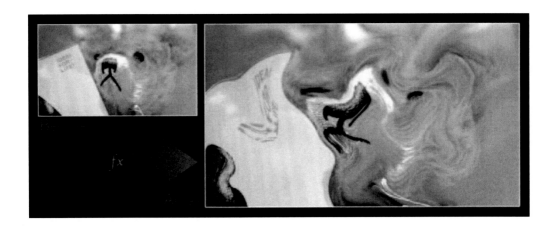

渦や熱気を帯びた空気のような歪みを生成します。

04-1 変形

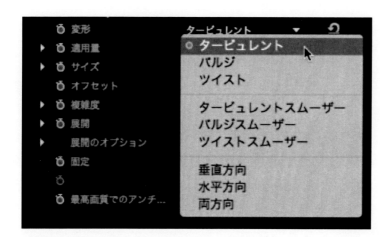

　クリップを変形させる種類を選択します。［垂直方向］［水平方向］［両方向］は単純な波形の変形。［タービュレント］［バルジ］［ツイスト］は乱流により変形し、［スムーザー］はそれぞれの歪みを滑らかにします。

04-2 適用量

　歪みの大きさを設定します。

04-3　サイズ

歪む部分の広さを設定します。

04-4　オフセット

乱流の発生源の位置を設定します。

04-5　複雑度

歪みの細かさを設定します。値が大きくなるほど細かい歪みになります。

04-6　展開

乱流の変化を角度で設定します。この［展開］にキーフレームを設定して値を変化させると、歪みが変化する映像になります。

04-7　展開のオプション

［展開］における乱流変化の周期を設定します。

・サイクル展開

オンにすると［展開］による乱流に周期が設定されます。

・サイクル周期

［展開］の周囲を設定します。例えば値を［1］にすると［展開］の値360度（一回転）で乱流がもとの状態に戻ります。

・ランダムシード

乱流を生成する乱数を設定します。

04-8　固定

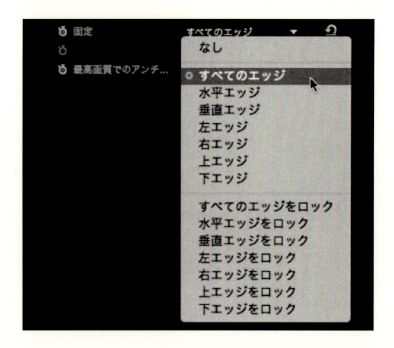

　クリップを歪ませると外周部分で内側に歪んだ部分には背景が表示されます。これを回避するために固定するエッジを設定します。

04-9　レイヤーのサイズを変更

　オンにすると、クリップ外側の背景部分にも歪むようになります。

04-10　最高画質でのアンチエイリアス

　歪みにかかるアンチエイリアスの度合いを設定します。

05　ミラー

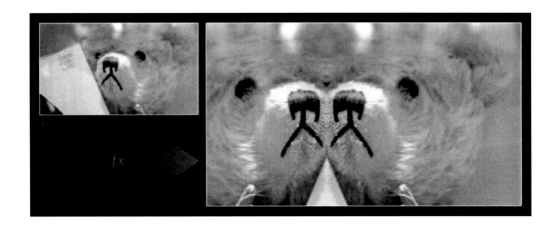

指定した座標を中心点にしてクリップを反射表示します。

05-1　反射の中心

反射する中心点を設定します。［トランスフォームアイコン］をクリックすると、プログラムモニターで中心点をドラッグ移動することができるようになります。

05-2　反射角度

反射角度を設定します。［90°］で垂直、［180°］で水平に反射します。

06 レンズゆがみ補正

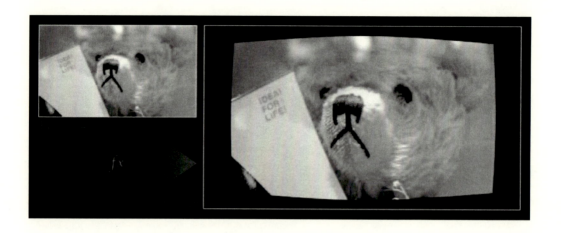

クリップに凹凸レンズのような歪みをつけます。

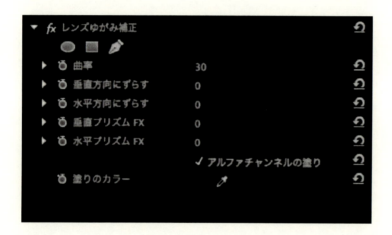

06-1 曲率

凹凸の湾曲度合いを設定します。

06-2 垂直方向にずらす／水平方向にずらす

凹凸レンズの焦点をずらしたような効果でクリップを垂直もしくは水平にずらします。値を極端に大きくするとクリップが歪んでくり返し表示されます。

06-3 垂直プリズム FX／水平プリズム FX

［垂直方向にずらす］と［水平方向にずらす］と同じような焦点をずらす効果がつきますが、値を大きくしてもくり返し表示されることはありません。

06-4　アルファチャンネルの塗り

オンにすると歪みにより生じたクリップの外側部分が単色で塗りつぶされます。

06-5　塗りのカラー

アルファチャンネルを塗りつぶす色を指定します。

07　ローリングシャッターの修復

CMOSセンサーのビデオカメラで、例えば走行中の電車から景色を撮影するとタイムラグにより映像が傾きます。この「ローリングシャッター」と呼ばれる歪みを補正します。

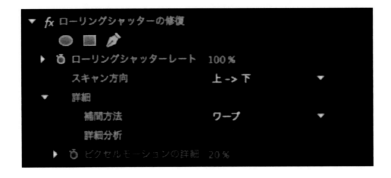

07-1　ローリングシャッターレート

フレームレートに対するローリングシャッターの割合を指定します。大きく歪んだクリップ

ほど値を大きくします。

07-2　スキャン方向

ローリングシャッターによる歪みの方向を指定します。

07-3　詳細

ローリングシャッターの補正方法を設定します。

・補間方法

分析と補正の方法を［ワープ］と［ピクセルモーション］から選びます。

・詳細分析

［補間方法］で［ワープ］を選んだ場合にアクティブになり、オンにすると詳細なポイント分析をおこないます。

・ピクセルモーションの詳細

［補間方法］で［ピクセルモーション］を選んだ場合にアクティブになり、ピクセル分析の詳細度を設定します。

08　ワープスタビライザー

クリップ内容を自動解析して手ぶれを補正します。

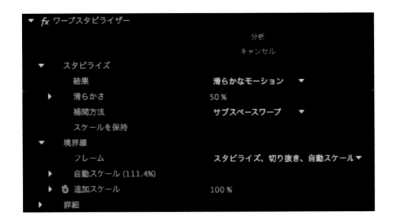

08-1　分析

クリップの分析を開始します。

08-2　キャンセル

分析をキャンセルします。

08-3　スタビライズ

手ぶれの補正方法を設定します。

・結果

スタビライズ方法を選択します。[モーションなし]を選ぶとカメラのパンなどの動きも除去されます。

・滑らかさ

[結果]で[滑らかなモーション]を選ぶとアクティブになり、滑らかさを設定します。

・補間方法

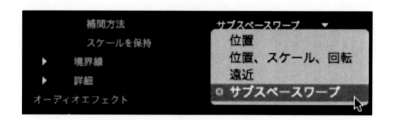

手ぶれのどの要素を補正するかを選択します。[サブスペースワープ]はすべての要素を補正します。

・スケールを保持

[補間方法]で[位置]以外を選択するとアクティブになります。オンにするとクリップのスケールが保持されます。

08-4 境界線

スタビライズにより生じるクリップの境界部分の処理方法を設定します。

・フレーム

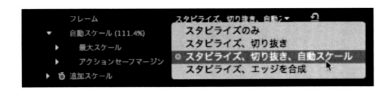

スタビライズ後のクリップの処理方法を選択します。［スタビライズ、切り抜き、自動スケール］を選ぶと、スタビライズにより生じる背景部分が見えなくなるまでクリップを自動的に拡大します。［スタビライズ、エッジを合成］を選ぶと、背景部分を前後のフレームを使って埋めます。埋めるための分析設定は［詳細］プロパティでおこないます。

・自動スケール

［フレーム］で［スタビライズ、切り抜き、自動スケール］を選択するとアクティブになります。自動で拡大する場合の設定をおこないます。

・最大スケール

拡大する最大値を設定します。

・アクションセーフマージン

自動拡大されたクリップの外側に何も表示されないセーフティエリアを設けます。

・追加スケール

補正後のクリップの拡大／縮小をおこないます。

08-5　詳細

［フレーム］で設定したスタビライズ方法に応じた詳細設定をおこないます。

・詳細分析

オンにするとより詳細な分析をおこないます。

・ローリングシャッターリップル

［補間方法］で［遠近］か［サブスペースワープ］を選択するとアクティブになり、CMOSセンサーのビデオカメラで撮影した際に起こるローリングシャッター現象を分析して補正します。ローリングシャターが大きな場合は［拡張リダクション］を選択します。

・切り抜きを縮小＜-＞より滑らかに

［フレーム］で［スタビライズ、切り抜き］か［スタビライズ、切り抜き、自動スケール］を選択するとアクティブになり、スタビライズにより切り取られる部分の大きさと補正後のスムースさの兼ね合いを設定します。

・合成入力範囲

［フレーム］で［スタビライズ、エッジを合成］を選択するとアクティブになり、エッジ合成のために分析する前後の秒数（フレーム数）を設定します。

・合成エッジぼかし

［フレーム］で［スタビライズ、エッジを合成］を選択するとアクティブになり、合成された部分のぼかしの度合いを設定します。

・合成エッジ切り抜き

［フレーム］で［スタビライズ、エッジを合成］を選択するとアクティブになり、合成されるエッジにノイズなどが乗っている場合はここで上下左右をトリミングします。

・警告バナーを隠す

オンにするとプログラムモニターに表示される分析／スタビライズ中のバナーが非表示になります。

09 回転

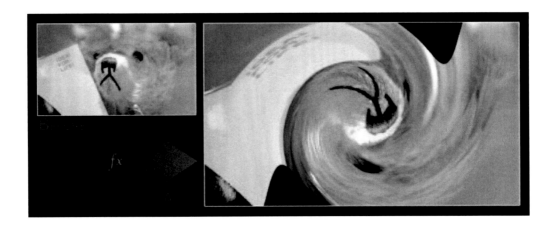

クリップ内容を回転してねじります。

09-1 角度

ねじりの角度を設定します。

09-2 回転半径

ねじりの影響範囲を設定します。

09-3 回転の中心点

ねじりの中心点を設定します。このエフェクトの［トランスフォームアイコン］をクリックすると、プログラムモニター上でドラッグして中心点を移動できます。

10　変形

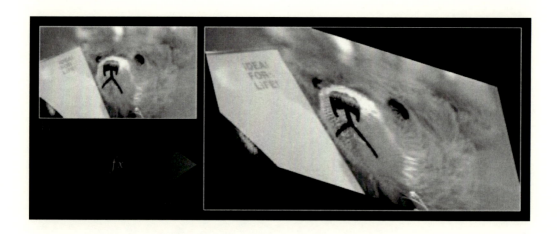

クリップの拡大／縮小、回転、歪曲など、二次元での変形をおこないます。

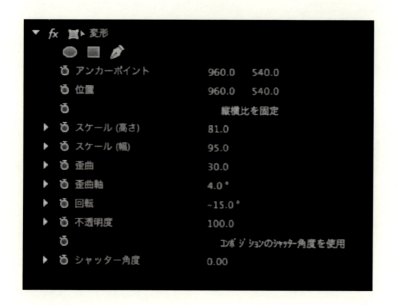

10-1　アンカーポイント

変形の中心になるアンカーポイントの位置を設定します。このエフェクトの［トランスフォームアイコン］をクリックすると、プログラムモニター上でドラッグして移動することができます。

10-2　位置

クリップの位置を設定します。このエフェクトの［トランスフォームアイコン］をクリックすると、プログラムモニター上でドラッグして移動することができます。

10-3　縦横比を固定

オンにするとクリップの縦横の比率を保ったまま拡大／縮小されます。

10-4　スケール（高さ）／スケール（幅）

クリップの高さと幅の大きさを個別に設定します。[縦横比を固定]をオンにすると、[スケール]という1つのプロパティになります。

10-5　歪曲

[歪曲軸]に沿って歪む量を設定します。

10-6　歪曲軸

歪む方向を角度で設定します。[0°]で上下、[90°]で左右に向かって歪みます。

10-7　回転

クリップの回転角度を設定します。

10-8　不透明度

クリップの不透明度を設定します。

10-9　コンポジションのシャッター角度を使用／シャッター角度

この2つのプロパティはPremiereのプロジェクトファイルをAfter Effectsに渡した時に機能するもので、After Effectsでのモーションブラーの設定になります。

11 波形ワープ

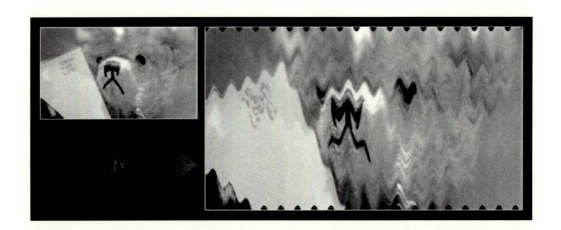

クリップに波のような歪みを生成します。

11-1　波形の種類

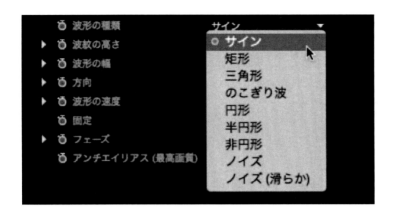

波の形状を選択します。

11-2　波形の高さ

波の高さを設定します。

11-3　波形の幅

波の幅を設定します。

11-4　方向

波の方向を角度で設定します。［0°］で上下、［90°］で左右方向に波が進みます。

11-5　波形の速度

値を［0］以上にすると波が移動するようになり、値を大きくするほど速く移動します。

11-6　固定

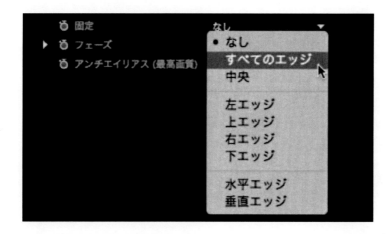

波の歪みにより背景部分が生じないように選択した境界を固定します。［中央］を選択するとクリップの中央部分が歪まないようになります。

11-7　フェーズ

波の周期の開始点を設定します。［90°］にすると波が一番低い部分から始まります。

11-8　アンチエイリアス（最高画質）

歪んだ画像に対してかけるアンチエイリアスの度合いを設定します。

12　球面

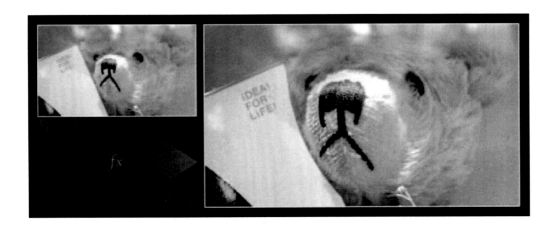

クリップに球面の歪みを生成します。

12-1　半径

球の半径を設定します。スライダでは［250］が最大値ですが、数字の操作でさらに大きな値を入力することができます。

12-2　球の中心

球の中心点を設定します。このエフェクトの［トランスフォームアイコン］をクリックすると、プログラムモニター上でドラッグして中心点を移動することができます。

第8章：トランジション

画面転換効果のエフェクト群です。

01　グラデーションワイプ

自身もしくは他のクリップの明暗差を利用してワイプを生成します。

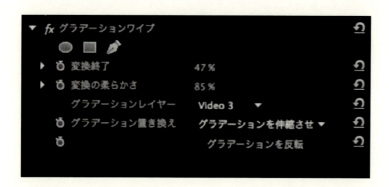

01-1　変換終了

　グラデーションによるワイプの進行度合いを設定します。値が大きくなるほどグラデーションの暗い部分から明るい部分に向かって透明になっていき、タイムラインで下に配置したクリップが見えてきます。

01-2　変換の柔らかさ

　明暗差による透明部分の境界をぼかし、その度合いを設定します。

01-3　グラデーションレイヤー

　ワイプに使用する明暗差を抽出するクリップを、配置したビデオトラックから指定します。グラデーションに使用するためだけに配置したクリップは表示をオフにしておきます。

01-4　グラデーション置き換え

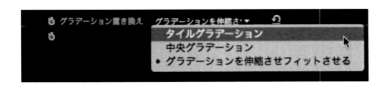

　エフェクトを適用したクリップとグラデーションに使用するクリップの大きさが異なる場合の処理方法を選びます。

01-5　グラデーションを反転

　オンにすると明暗差による透明部分が反転します。

02　ブラインド

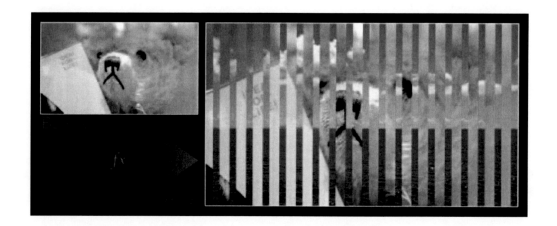

クリップがブラインド状に他のクリップに切り替わります。

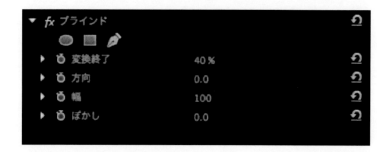

02-1　変換終了

ブラインドの開き具合を設定します。値が大きくなるほどブラインドが開き、タイムラインで下に配置したクリップが見えてきます。

02-2　方向

ブラインドの方向を角度で設定します。

02-3　幅

ブラインドの幅を設定します。

02-4　ぼかし

ブラインド境界のぼかし度合いを設定します。

03　ブロックディゾルブ

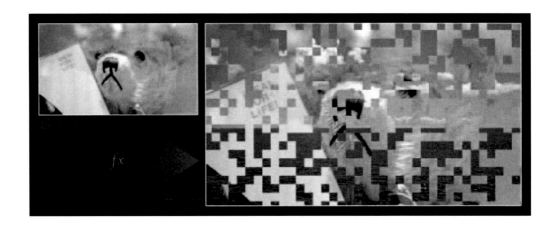

クリップをランダムなブロックで他のクリップと切り替えます。

03-1　変換終了

ブロックの量を設定します。値が大きくなるほどブロックが増え、タイムラインで下に配置したクリップが見えてきます。

03-2　ブロック幅／ブロック高さ

ブロックの幅と高さを設定します。

03-3　ぼかし

ブロックのぼかし具合を設定します。

03-4　ソフトエッジ（最高画質）

オンにするとブロックの境界が柔らかくぼけます。

04　リニアワイプ

クリップを直線の境界で他のクリップと切り替えます。

04-1　変換終了

ワイプの進行度合いを選択します。値が大きくなるほどワイプが［ワイプ角度］で指定した方向に進み、タイムラインで下に配置したクリップが見えてきます。

04-2　ワイプ角度

ワイプが進行する方向を角度で設定します。

04-3　ぼかし

ワイプの境界のぼかし度合いを設定します。

05　ワイプ（放射状）

クリップを時計の針が進むように放射状に他のクリップと切り替えます。

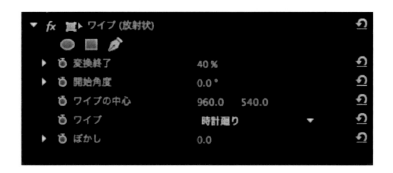

05-1　変換終了

　放射状の領域の広がり度合いを選択します。値が大きくなるほど領域が広がり、タイムラインで下に配置したクリップが見えてきます。

05-2　開始角度

　放射状に広がる開始時の角度を設定します。

05-3　ワイプの中心

　放射線の中心点を設定します。

05-4　ワイプ

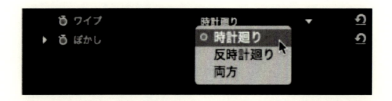

　放射状に広がる方向を選択します。[両方]にすると[開始角度]で指定した角度から放射状の領域が左右に広がります。

05-5　ぼかし

　放射状領域の境界のぼかし度合いを設定します。

第9章：トランスフォーム

映像を変形させるエフェクト群です。

01 エッジのぼかし

クリップのエッジをぼかします。プロパティはぼかし量の設定だけです。

01-1 適用量

エッジのぼかし度合いを設定します。

02　クロップ

クリップの上下左右の一部を切り取ります。

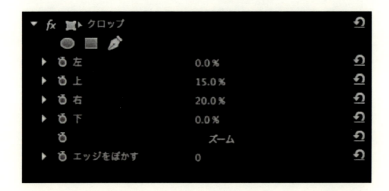

02-1　左／上／右／下

クリップの上下左右の辺のクロップ値を設定します。値はパーセンテージで［100%］にするとすべてクロップされます。また、このエフェクトの［トランスフォームアイコン］をクリックすると、プログラムモニター上でドラッグによるクロップがおこなえるようになります。

02-2　ズーム

クロップされた内容を全画面に拡大表示します。

02-3　エッジをぼかす

クロップの境界のぼかし度合いを設定します。

03　垂直反転

クリップの内容が垂直に反転します。

03-1　（垂直反転）

［垂直反転］エフェクトにプロパティはありません。適用するとすぐに内容が垂直に反転します。

04 水平反転

クリップの内容が水平に反転します。

04-1 （水平反転）

［水平反転］エフェクトにプロパティはありません。適用するとすぐに内容が水平に反転します。

第10章：ノイズ＆グレイン

ノイズを加えるエフェクト群です。

01　ダスト＆スクラッチ

指定した範囲を平均化して傷やノイズなどを消します。

01-1　半径

平均化する範囲を設定します。

01-2　しきい値

平均化するレベルを設定します。値を小さくすると少しの差でも均一化されます。

01-3　アルファチャンネルに実行

オンにするとクリップのアルファチャンネルに対しても平均化をおこないます。

02　ノイズ

クリップにノイズを加えます。このノイズは自動で変化します。

02-1　ノイズ量

ノイズの量を設定します。

02-2　ノイズの種類

［カラーノイズを使用］をオンにするとランダムなカラーノイズになります。

02-3　クリッピング

［クリップ結果値］をオンにするとノイズによる色飛びを抑制します。オフにするとノイズが

目立つようになります。

03 ノイズHLS

クリップの色相、明度、彩度にノイズを追加します。このノイズは自動で変化しません。

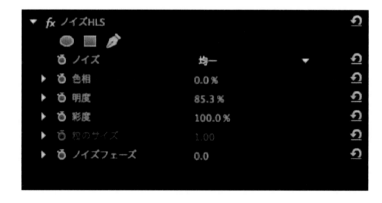

03-1 ノイズ

ノイズの種類を選択します。[均一]は白と黒が同量のノイズ、[矩形]はコントラストの強いノイズ、[粒状]は大きさを設定できる粒のノイズです。

03-2　色相

色相に加えるノイズの量をパーセンテージで設定します。

03-3　明度

明度に加えるノイズの量をパーセンテージで設定します。

03-4　彩度

彩度に加えるノイズの量をパーセンテージで設定します。

03-5　粒のサイズ

[ノイズ]を[粒状]にするとアクティブになります。ここで粒のサイズを設定します。

03-6　ノイズフェーズ

ノイズのランダム発生の位相を設定します。キーフレームで値を変化させるとノイズが変化します。

04　ノイズHLSオート

クリップの色相、明度、彩度にノイズを追加します。このノイズは自動で変化し、速度を設

定できます。

04-1　ノイズ

　ノイズの種類を選択します。[均一]は白と黒が同量のノイズ、[矩形]はコントラストの強いノイズ、[粒状]は大きさを設定できる粒のノイズです。

04-2　色相

　色相に加えるノイズの量をパーセンテージで設定します。

04-3　明度

　明度に加えるノイズの量をパーセンテージで設定します。

04-4　彩度

　彩度に加えるノイズの量をパーセンテージで設定します。

04-5　粒のサイズ

　[ノイズ]を[粒状]にするとアクティブになります。ここで粒のサイズを設定します。

04-6　ノイズアニメーションの速度

　ノイズが変化するアニメーションの変化速度を設定します。

05　ノイズアルファ

クリップのアルファチャンネルにノイズを加えます。

05-1　ノイズ

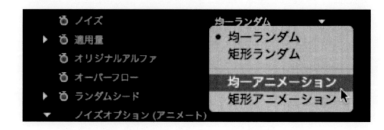

ノイズの種類を選択します。ノイズ形状の後の［ランダム］はランダムノイズを生成し、［アニメーション］は自動変化するノイズを生成します。ノイズ形状の［均一］は白と黒が同量のノイズ、［矩形］はコントラストの強いノイズです。

05-2　適用量

ノイズの量を設定します。

05-3　オリジナルアルファ

ノイズを加える条件を選択します。［追加］は透明部と不透明部の両方にノイズを生成、［クランプ］は不透明度部分のみ、［スケール］は不透明度に比例した量のノイズを生成、［エッジ］はアルファチャンネルのエッジ部分の半透明部分にノイズを生成します。

05-4　オーバーフロー

ノイズにより通常のグレースケール値（0～255）をオーバーした部分の処理方法を選択します。［クリップ］はオーバー部分を255の値にします。［ラップバック］は255よりオーバーした値を255から引いた値にします。［ラップ］はオーバーすると0に戻して循環させます。

05-5-1　ランダムシード

［ノイズ］で［ランダム］を選択するとこのプロパティになります。ノイズのランダム発生の乱数値に使用する値を設定します。

05-5-2　ノイズフェーズ

［ノイズ］で［アニメーション］を選択するとこのプロパティになります。ノイズのランダム

発生の位相を設定します。キーフレームで値を変化させるとノイズが変化します。

05-6　ノイズオプション（アニメート）

ノイズをアニメートさせる方法を設定します。

・サイクルノイズ

オンにするとノイズのアニメートに周期が設定されます。

・サイクル（周期）

［サイクルノイズ］をオンにするとアクティブになります。ノイズの反復回数を設定します。

06　ミディアン

指定した範囲を平均化します。

06-1　半径

平均化する範囲を設定します。

06-2　アルファチャンネルに実行

オンにするとクリップのアルファチャンネルに対しても平均化をおこないます。

第11章：ビデオ

情報を表示するエフェクト群です。

01　クリップ名

画面にクリップ名を表示します。

01-1　位置

クリップ名を表示する場所を設定します。

01-2　配置

クリップ名の文字揃えを［左］［中央］［右］から選びます。

01-3　サイズ

クリップ名の表示サイズを設定します。

01-4　不透明度

クリップ名のテキストの下にある長方形領域の不透明度を設定します。

01-5　表示

クリップはプロジェクトパネルとシーケンスパネルとで名称を変更できるので、ここでどの名称を表示するかを選択します。

01-6　ソーストラック

別トラックに配置したクリップの名称を表示する場合は、ここでビデオトラックを選択します。

02 タイムコード

クリップのタイムコードを表示します。

02-1 位置

タイムコードを表示する場所を設定します。

02-2 サイズ

タイムコードの表示サイズを設定します。

02-3　不透明度

タイムコードのテキストの下にある長方形領域の不透明度を設定します。

02-4　フィールドシンボル

オンにするとタイムコードの右にインターレースフィールドシンボルが表示されます。

02-5　形式

タイムコードの表示形式を選択します。［SMPTE］はビデオのタイムコードで時:分:フレームで表示され、［フレーム］はフレーム数、［フィート＋フレーム］はフィルム用の表示形式です。

02-6　タイムコードソース

タイムコードのソースを選択します。［クリップ］はタイムライン配置のイン点から始まるタイムコード、［メディア］はクリップ自体のタイムコード、［生成］は指定したタイムコードからのカウントをおこないます。

02-7　時間単位

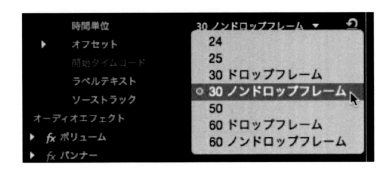

第11章：ビデオ　187

タイムコードのフレームレートを選択します。初期状態ではプロジェクトで設定されているフレームレートになります。

02-8　オフセット

表示されるタイムコードから増減させるフレーム数を設定します。

02-9　開始タイムコード

［タイムコードソース］を［生成］にするとアクティブになり、ここで設定したタイムコードからカウントが始まります。

02-10　ラベルテキスト

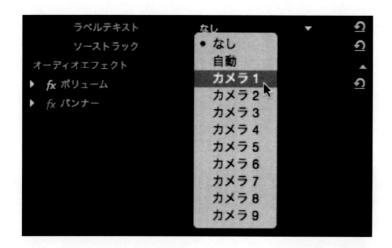

タイムコードの左に表示するラベルを選びます。［自動］は「TCG」と表示され、［カメラ（番号）］は「CM（番号）」と表示されます。

02-11　ソーストラック

別トラックに配置したクリップのタイムコードを表示する場合は、ここでビデオトラックを選択します。

第12章：ブラー&シャープ

ぼかしや際立ちをつけるエフェクト群です。

01　アンシャープマスク

コントラストを強調して画像をシャープにします。

01-1　適用量

シャープの度合いを設定します。

01-2　半径

コントラストを強調する範囲を設定します。

01-3　しきい値

　強調するコントラスト差を設定します。値が小さいとわずかなコントラスト差も強調されます。

02　カメラブラー（Windowsのみ）

　カメラ焦点のずれをシミュレートします。

02-1　ブラーの割合

　焦点のずれ度合いを設定します。値が大きいほどおおきくぼけます。

03 シャープ

コントラスト差の境界線を強調して画像をシャープにします。

03-1 シャープ量

強調する度合いを設定します。値が大きいほど画像がシャープになります。

04　ブラー（ガウス）

画像を水平、垂直、あるいはその両方向にぼかします。

04-1　ブラー

ぼかす度合いを設定します。値が大きいほど画像がぼけます。スライダの最大値は［50］ですが、数値の操作でそれ以上の値にすることができます。

04-2　ブラーの方向

ぼかす方向を［水平および垂直］［水平］［垂直］から選びます。

04-3　エッジピクセルを繰り返す

オンにするとぼかしによりクリップのエッジが半透明になることを防ぎます。

05　ブラー（チャンネル）

クリップのRGBおよびアルファチャンネルを個別にぼかします。

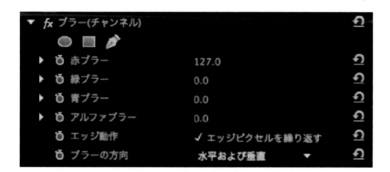

05-1　赤ブラー／緑ブラー／青ブラー／アルファブラー

　クリップのRGBおよびアルファチャンネルのぼかし度合いを設定します。値が大きいほどチャンネルがぼけます。スライダの最大値は［127］ですが、数値の操作でそれ以上の値にすることができます。

05-2　エッジ動作

　［エッジピクセルを繰り返す］をオンにすると、ぼかしによりクリップのエッジが半透明になることを防ぎます。

05-3　ブラーの方向

ぼかす方向を［水平および垂直］［水平］［垂直］から選びます。

06　ブラー（合成）

自身あるいは他のクリップの明度を使用して画像をぼかします。

06-1　ブラーレイヤー

　ぼかしに使用するクリップを配置したビデオトラックを選択します。エフェクトを適用したクリップより上のトラックのクリップを使用する場合は、そのトラックの表示をオフにしておきます。

06-2　最大ブラー

　ぼかしの度合いを設定します。値が大きいほど大きくぼけます。スライダの最大値は［100］ですが、数値の操作でそれ以上の値にすることができます。

06-3　レイヤーサイズが異なる場合

　エフェクトを適用したクリップとぼかしに使用するクリップの大きさが異なる場合、［マップをフィットさせる］をオンにしてサイズを合わせます。

06-4　ブラーを反転

　通常は［ブラーレイヤー］で指定したクリップの明るい領域がぼけに使用されますが、ここをオンにすると暗い部分がぼけます。

07　ブラー（方向）

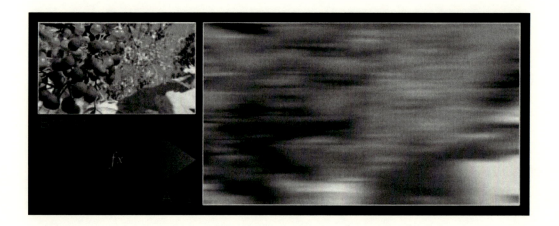

画像を指定した方向にぼかします。

07-1　方向

ぼかす方向を設定します。

07-2　ブラーの長さ

ぼかす度合いを設定します。値が大きいほどチャンネルがぼけます。スライダの最大値は［20］ですが、数値の操作でそれ以上の値にすることができます。

08　ブラー（滑らか）

クリップの任意のチャンネルと他クリップのチャンネルを合成します。

08-1　ブラー

ぼかす度合いを設定します。値が大きいほど画像がぼけます。スライダの最大値は［127］ですが、数値の操作でそれ以上の値にすることができます。

08-2　ブラーの方向

ぼかす方向を［水平および垂直］［水平］［垂直］から選びます。

08-3　エッジピクセルを繰り返す

オンにするとぼかしによりクリップのエッジが半透明になることを防ぎます。

第13章：ユーティリティ

データ受け渡し用エフェクト群です。

01　Cineonコンバーター

フィルムデジタル合成システム「Cineon」のファイルのカラー変換をおこないます。

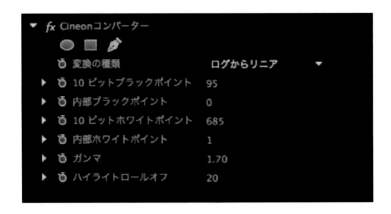

01-1　変換の種類

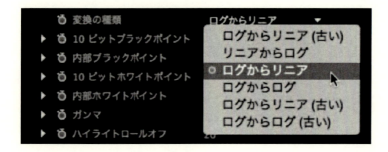

　Cineonファイルの変換方法を選択します。［ログからリニア］はCineon以外のクリップをCineonファイルとしてレンダリングするために変換します。［リニアからログ］はCineonファイルを8ビットの対数クリップに変換します。［ログからログ］は最終的に8ビット対数プロキシとしてレンダリングする予定の場合にこのモードで8ビットまたは10ビットのCineonファイルを検出します。

01-2　10ビットブラックポイント

　10ビット対数Cineonファイルを変換するための黒ポイントを設定します。

01-3　内部ブラックポイント

　Premiere Pro上で使用する黒ポイントを設定します。

01-4　10ビットホワイトポイント

　10ビット対数Cineonファイルを変換するための白ポイントを設定します。

01-5　内部ホワイトポイント

　Premiere Pro上で使用する黒ポイントを設定します。。

01-6　ガンマ

　中間の明るさを設定します。値を大きくすると明るくなります。

01-7　ハイライトロールオフ

　ハイライトの度合いを設定します。

第14章：描画

新規描画を加えるエフェクト群です。

01　4色グラデーション

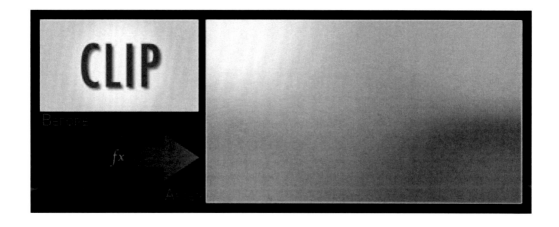

任意の4色のグラデーションを生成します。

01-1　位置とカラー

　グラデーションを形成する4つの色と中心点を設定します

・ポイント1／2／3／4

　4色の中心点を設定します。

・カラー1／2／3／4

　4色を指定します。

01-2　ブレンド

　グラデーションのブレンド量を設定します。値が大きくなるほど隣の色同士が多く混じり合います。

01-3　変位

　ブレンドにノイズを発生させてグラデーションをなじませます。

01-4　不透明度

　グラデーションの不透明度を設定します。

01-5　描画モード

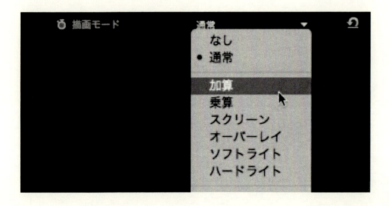

　エフェクトを適用したクリップの内容とグラデーションを合成する描画モードを選択します。

02 カラーカーブ

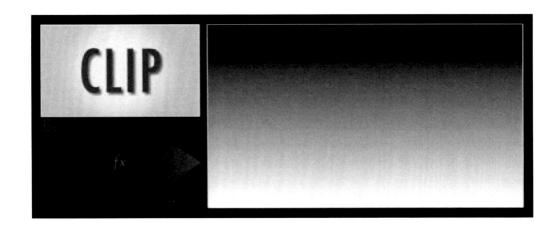

直線または放射状の2色のグラデーションを生成します。

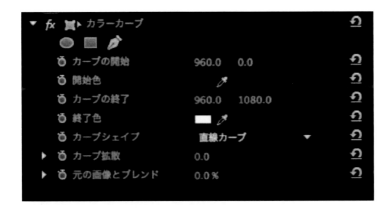

02-1 カーブの開始

グラデーションの開始位置を設定します。

02-2 開始色

グラデーションの開始色を指定します。

02-3 カーブの終了

グラデーションの終了位置を設定します。

02-4 終了色

グラデーションの終了色を指定します。

02-5　カーブシェイプ

グラデーションの種類を［直線カーブ］か［放射カーブ］で選択します。

02-6　カーブ拡散

グラデーションの分散度合いを設定します。

02-7　元の画像とブレンド

エフェクトを適用したクリップの内容とグラデーションを合成します。値が大きくなるほどクリップの内容が現れてきます。

03　グリッド

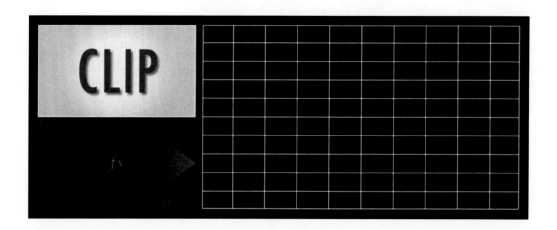

任意の色や太さのグリッドを生成します。

03-1　アンカー

　グリッドの原点を設定します。

03-2　グリッドサイズ

　グリッドの大きさを設定する方法を選択します。［コーナーポイント］は［アンカー］と対角にグリッドを生成します。［幅スライダー］は正方形のグリッドを生成します。［幅と高さスライダー］は幅と高さを個別に設定するグリッドを生成します。

03-3　コーナー

　［グリッドサイズ］で［コーナーポイント］を選ぶとアクティブになります。［アンカー］で設定した位置とグリッドの対角になる位置を設定します。

03-4　幅

　［グリッドサイズ］で［幅スライダー］を選ぶとアクティブになります。グリッドの幅を設定します。

03-5　高さ

　［グリッドサイズ］で［幅と高さスライダー］を選ぶとアクティブになります。グリッドの高さを設定します。

03-6　ボーダー

　グリッドの太さを設定します。

03-7　ぼかし

　グリッドのぼかし度合いを設定します。

03-8　グリッドを反転

　強調する度合いを設定します。値が大きいほど画像がシャープになります。

03-9　カラー

　グリッドの色を設定します。

03-10　不透明度

　グリッドの不透明度を設定します。

03-11　描画モード

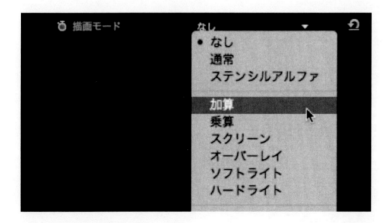

　エフェクトを適用したクリップの内容とグラデーションを合成する描画モードを選択します。

04　スポイト塗り

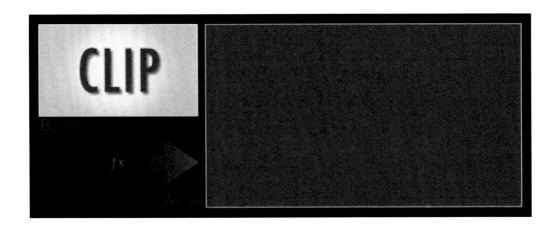

クリップ内容の任意の位置の色を使った単色平面を生成します。

04-1　サンプルポイント

色を抽出する位置を設定します。

04-2　サンプルの半径

抽出する位置の半径を設定します。

04-3　平均ピクセルカラー

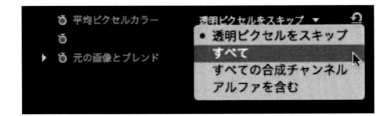

色の抽出方法を選択します。［透明ピクセルをスキップ］は透明部分以外の色を抽出し、［すべて］は透明部分も含む全範囲の色、［すべての合成チャンネル］はアルファチャンネルに合成された色を含む全ての色、［アルファを含む］はアルファチャンネルの値も抽出され不透明度に反映されます。

04-4　オリジナルアルファを維持

アルファチャンネルを持つクリップの場合、ここをオンにするとアルファチャンネルが維持されます。

04-5　元の画像とブレンド

エフェクトを適用したクリップの内容とグラデーションを合成します。値が大きくなるほどクリップの内容が現れてきます。

05　セルパターン

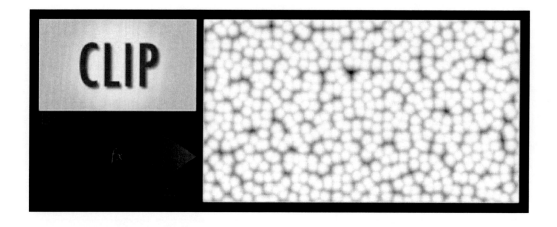

細胞のようなパターンを生成します。

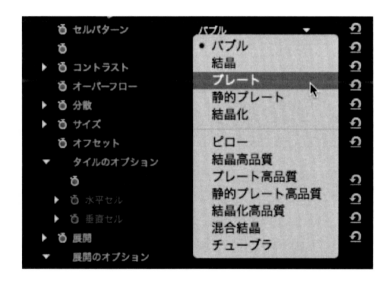

05-1 セルパターン

セルのプリセットパターンを選択します。

05-2 反転

セルパターンを反転します。

05-3 コントラスト

セルパターンのコントラストを設定します。

05-4 オーバーフロー

　セルパターンの設定により明るさのレベルをオーバーした部分の処理方法を選択します。［クリップ］はオーバー部分をレベル内の最大／最小値にします。［ソフトクランプ］は全体がレベル内に収まるようにコントラストを抑えます。［ラップバック］はオーバーした分だけ折り返した値にします。

05-5 分散

　パターンのランダム値を設定します。値が大きくなるほど複雑なパターンになります。

05-6 サイズ

　セル単体の大きさを設定します。

05-7 オフセット

　セルパターンの位置を設定します。

05-8 タイルのオプション

　セルパターンのくり返しを設定します。

・タイルを有効にする

　オンにするとくり返しパターンになります。

・水平セル

　［タイルを有効にする］をオンにするとアクティブになります。くり返し1タイルあたりの水平のセル数を設定します。

・垂直セル

　［タイルを有効にする］をオンにするとアクティブになります。くり返し1タイルあたりの垂直のセル数を設定します。

05-9　展開

値を変えるとセルパターンが変化します。セルパターンを動かす場合はここにキーフレームを設定します。

05-10　展開のオプション

展開に関する詳細設定をおこないます。

・サイクル展開

オンにすると展開がループします。

・サイクル（周期）

［サイクル展開］をオンにするとアクティブになり、1ループの周期を設定します。

・ランダムシード

展開におけるパターン生成のランダム値を設定します。

06　チェッカーボード

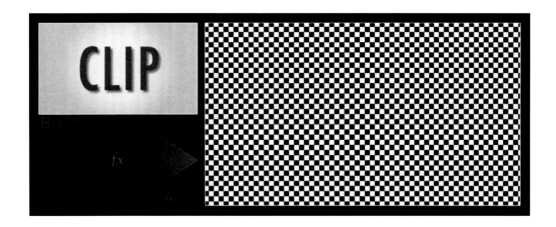

格子模様を生成します。

06-1　アンカー

グリッドの原点を設定します。

06-2　グリッドサイズ

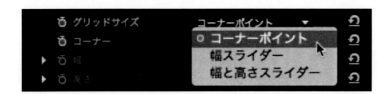

グリッドの大きさを設定する方法を選択します。［コーナーポイント］は［アンカー］と対角にグリッドを生成します。［幅スライダー］は正方形のグリッドを生成します。［幅と高さスライダー］は幅と高さを個別に設定するグリッドを生成します。

06-3　コーナー

［グリッドサイズ］で［コーナーポイント］を選ぶとアクティブになります。［アンカー］で設定した位置とグリッドの対角になる位置を設定します。

06-4　幅

［グリッドサイズ］で［幅スライダー］を選ぶとアクティブになります。グリッドの幅を設定します。

06-5　高さ

［グリッドサイズ］で［幅と高さスライダー］を選ぶとアクティブになります。グリッドの高

さを設定します。

06-6　ぼかし

グリッドのぼかし度合いを設定します。

・幅

　グリッドの水平方向のぼかし度合いを設定します。

・高さ

　グリッドの垂直方向のぼかし度合いを設定します。

06-7　カラー

　グリッドの黒以外の部分の色を設定します。

06-8　不透明度

　グリッドの不透明度を設定します。

06-9　描画モード

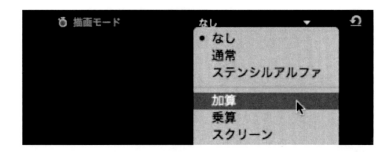

　エフェクトを適用したクリップの内容とグリッドを合成する描画モードを選択します。

07　ブラシアニメーション

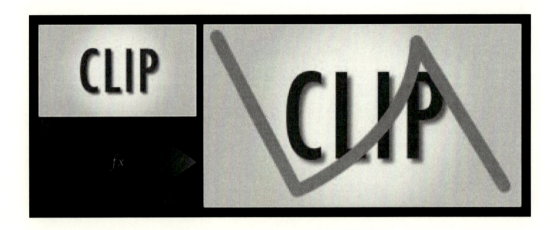

ブラシのストロークを描き、アニメートさせることもできます。

07-1　ブラシの位置

ブラシの位置を設定します。キーフレームで位置を動かすとブラシストロークが作成できます。

07-2　カラー

ブラシの色を指定します。

07-3　ブラシのサイズ

　ブラシの大きさを設定します。

07-4　ブラシの硬さ

　ブラシ境界の鮮明度を設定します。値を小さくするとブラシがぼけます。

07-5　ブラシの不透明度

　ブラシの不透明度を設定します。

07-6　ストロークの長さ（秒）

　ブラシ表示が残る時間を設定します。［ブラシの位置］キーフレームでブラシストロークを作成した場合、この値を小さくすると描いた端から消えていくブラシになりますが、［0］ではブラシストロークが消えずに残ります。

07-7　ブラシの間隔（秒）

　ブラシストロークの間隔を設定します。値を大きくするとストロークが点線になり、小さくすると間隔が狭まって直線になります。

07-8　ペイントのタイムプロパティ

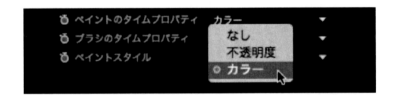

　キーフレームで［カラー］や［ブラシの不透明度］をアニメートした場合の変化具合を選択します。［なし］はキーフレーム間の変化がなく、［不透明度］は異なる不透明度のキーフレーム間で不透明度が変化し、［カラー］は異なる色のキーフレーム間で色が変化します。

07-9　ブラシのタイムプロパティ

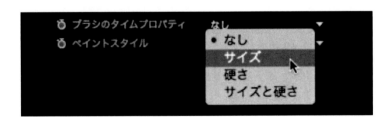

キーフレームで［ブラシのサイズ］や［ブラシの硬さ］をアニメートした場合の変化具合を選択します。［なし］はキーフレーム間の変化がなく、［サイズ］は異なるブラシ0サイズのキーフレーム間で大きさが変化します。［硬さ］は異なる硬さのキーフレーム間でブラシの硬さが変化します。［サイズと硬さ］ではサイズと硬さの両方がキーフレーム間で変化します。

07-10　ペイントスタイル

ブラシストロークの描画方法を選択します。［元のイメージ］はクリップにブラシストロークが合成され、［透明］はブラシストロークのみ、［元のイメージを表示］ではブラシストローク内にクリップが表示されます。

08　レンズフレア

クリップ内に逆光を生成します。

08-1　光源の位置

　逆光の位置を設定します。

08-2　フレアの明るさ

　逆光の明るさを設定します。

08-3　レンズの種類

　逆光の生じるレンズの種類を選択します。レンズの種類により逆光のフレアの色や形状が異なります。

08-4　元の画像とブレンド

　クリップに合成される逆光の不透明を設定します。値を大きくするほど逆光が透明になっていきます。

09　円

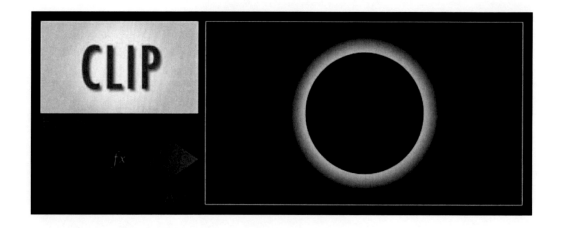

円を描画し、外側や内側にぼかすことができます。

09-1　中心

円の中心位置を設定します。

09-2　半径

円の半径を設定します。

09-3　エッジ

［半径］と［太さ］の兼ね合い方法を選択します。［なし］は塗りつぶしの円が生成されます。［エッジの半径］はリングが生成され［半径］と［エッジの半径］で個別の設定をおこないます。

［太さ］は［半径］の値を中心にし［太さ］の値に応じてリングの太さが変化します。［太さ*半径］は［半径］の値に応じてリングの太さが変化します。［太さ＆ぼかし*半径］［半径］の値に応じてリングの太さとぼかしが変化します。

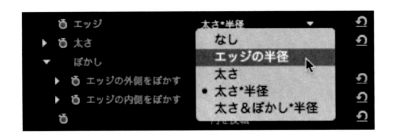

09-4　太さ

［エッジ］の選択により［未使用］［エッジの半径］［太さ］に変化し、名称に応じた値を設定します。

09-5　ぼかし

リングのぼかし度合いを設定します。

・エッジの外側をぼかす

　リングの外側のぼかし度合いを設定します。

・エッジの内側をぼかす

　リングの内側のぼかし度合いを設定します。

09-6　円を反転

オンにすると円の描画が反転し、円でくり抜かれた単色の平面になります。

09-7　カラー

円の色を設定します。

09-8 不透明度

円の不透明度を設定します。

09-9 描画モード

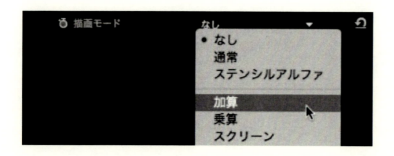

エフェクトを適用したクリップの内容とグリッドを合成する描画モードを選択します。

10 塗りつぶし

クリップの中の選択した範囲を塗りつぶします。

10-1 塗りポイント

クリップの中で塗りつぶす領域の中心を設定します。

10-2 塗りセレクター

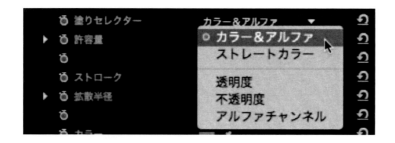

塗りつぶすチャンネルを選択します。［カラー＆アルファ］はRGBチャンネルとアルファチャンネルが塗りつぶされます。［ストレートカラー］はRGBチャンネルだけが塗りつぶされます。［透明度］は透明部分だけが塗りつぶされます。［不透明度］は不透明部分だけが塗りつぶされます。［アルファチャンネル］は塗りポイントのアルファチャンネルの値によって全体の不透明部分または透明部分が塗りつぶされます。

10-3 許容量

塗りつぶされる範囲を設定します。

10-4 しきい値を表示

オンにすると塗りつぶされる範囲が白黒で表示されます。

10-5　ストローク

塗りつぶしのエッジ処理を選択します。［アンチエイリアス］はエッジにアンチエイリアスがかかり、［ぼかし］は任意の量でぼかし、［拡散］と［チョーク］は塗りつぶし範囲を任意の量で拡大／縮小し、［ストローク］は塗りつぶし領域の境界線を生成します。

10-6　拡散半径

［ストローク］の選択により［未使用］［ぼかしの柔らかさ］［拡散半径］［ストロークの幅］に変化し、名称に応じた値を設定します。

10-7　塗りを反転

オンにすると塗りの範囲が反転します。

10-8　カラー

塗りの色を設定します。

10-9　不透明度

塗りの不透明度を設定します。

10-10　描画モード

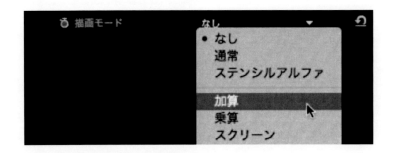

エフェクトを適用したクリップの内容と塗りを合成する描画モードを選択します。

11 楕円

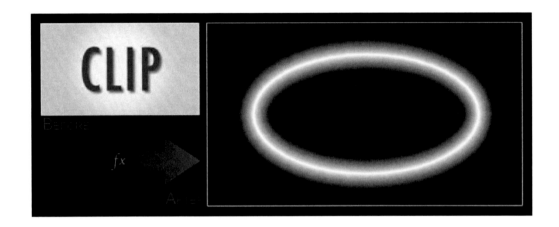

幅と高さを個別に設定する楕円を描画します。

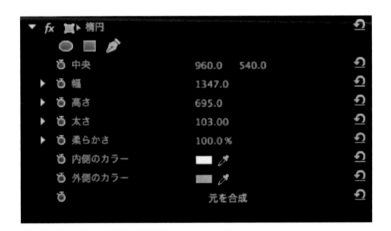

11-1 中央

楕円の中心点を設定します。

11-2 幅

楕円の幅を設定します。

11-3　高さ

楕円の高さを設定します。

11-4　太さ

リングの太さを設定します。

11-5　柔らかさ

リングのぼかし度合いを設定します。

11-6　内側のカラー

リングの中心部の色を設定します。

11-7　外側のカラー

リングの外側に拡散する色を設定します。

11-8　元を合成

オンにするとクリップに楕円が合成表示されます。

12　稲妻

クリップに稲妻のような電光を生成します。

▼ fx ▶ 稲妻			↩
● ■ ✏			
⏱ 開始点	142.0	130.0	↩
⏱ 終了点	1742.0	980.0	↩
▶ ⏱ 線分数	18		↩
▶ ⏱ 振幅	19.000		↩
▶ ⏱ 再分割数	2		↩
▶ ⏱ 振幅の細かさ	0.300		↩
▶ ⏱ 枝分かれ度	0.200		↩
▶ ⏱ 枝分かれの繰り返し	0.100		↩
▶ ⏱ 枝分かれ角度	20.000		↩
▶ ⏱ 枝の長さ	0.500		↩
▶ ⏱ 枝数	4		↩
▶ ⏱ 枝の幅	0.700		↩
▶ ⏱ 速度	10		↩
▶ ⏱ 安定度	0.300		↩
⏱ 終了点の固定	✓ 終了点の固定		↩
▶ ⏱ 幅	64.324		↩
▶ ⏱ 幅の変化	0.000		↩
▶ ⏱ 内側の光る幅	0.400		↩
⏱ 外側のカラー	▦ 🖉		↩
⏱ 内側のカラー	■ 🖉		↩
▶ ⏱ 引く力	0.000		↩
▶ ⏱ 引く方向	0.0		↩
▶ ⏱ ランダムシード	1		↩
⏱ 描画モード	追加 ▼		↩
⏱ シミュレーション	＿ 各フレームで再実行		↩

12-1 開始点

　稲妻の開始点を設定します。

12-2 終了点

　稲妻の終了点を設定します。

12-3 線分数

　稲妻から引き出す線分の数を設定します。

12-4　振幅

稲妻の振動のサイズを設定します。

12-5　再分割数

稲妻の枝の細かい震え度合いを設定します。

12-6　振幅の細かさ

稲妻の枝の振幅の細かさを設定します。

12-7　枝分かれ度

稲妻の線分の終端部での分岐量を設定します。

12-8　枝分かれの繰り返し

枝からさらに分かれる枝の量を設定します。

12-9　枝分かれ角度

稲妻と枝の角度を設定します。

12-10　枝の長さ

稲妻の線分の平均長さを基準にした枝の長さを設定します。

12-11　枝数

枝の最大数を設定します。

12-12　枝の幅

枝の平均の幅を設定します。

12-13　速度

稲妻の振動の速さを設定します。

12-14　安定度

稲妻の振動で開始点と終了点を結ぶラインからずれる量を設定します。値が大きいほどラインから外れます。

12-15 終了点の固定

オンにすると稲妻の終了点が固定されます。

12-16 幅

稲妻の幅を設定します。

12-17 幅の変化

幅の変化の度合いを設定します。

12-18 内側の光る幅

［内側のカラー］で指定した色の太さを設定します。

12-19 外側のカラー

稲妻の外側の色を設定します。

12-20 内側のカラー

稲妻の内側の色を設定します。

12-21 引く力

稲妻を引き寄せる力を設定します。

12-22 引く方向

稲妻を引き寄せる方向を設定します。

12-23 ランダムシード

稲妻のランダム化の基準値を設定します。

12-24 描画モード

稲妻とクリップを合成する描画モードを選択します。

12-25 シミュレーション

［各フレームで再実行］をオンにすると稲妻がフレーム単位で生成されます。

第15章：時間

時間軸に関係するエフェクト群です。

01　エコー

映像に減衰する残像をつけます。

01-1　エコー時間

1フレームに合成される時間の範囲を設定します。

01-2　エコーの数

表示する残像の数を設定します。［エコー時間］で設定した時間の総フレームをこの値に分割

して表示します。

01-3　開始強度

減衰最初のフレームの表示強さを設定します。

01-4　減衰

残像の減衰率を設定します。

01-5　エコー演算子

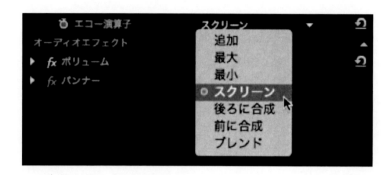

残像を合成する方法を選択します。

02　ポスタリゼーション時間

映像を任意のフレームレートに変換します。

02-1　フレームレート

変換後のフレームレートを設定します。

第16章：色調補正

カラー補正するエフェクト群です。

01　シャドウ・ハイライト

ハイライトやシャドウを抑える方向に補正します。

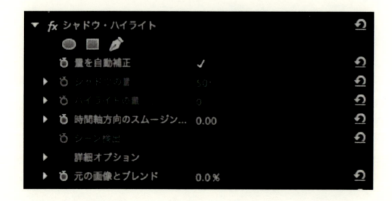

01-1　量を自動補正

オンにするとシャドウとハイライトのレベルを自動補正します。

01-2　シャドウの量

　［量を自動補正］をオフにするとアクティブになります。シャドウのレベルを設定します。値を大きくするとシャドウ部分が明るくなります。

01-3　ハイライトの量

　［量を自動補正］をオフにするとアクティブになります。ハイライトのレベルを設定します。値を大きくするとハイライト部分が暗くなります。

01-4　時間軸方向のスムージング（秒）

　［量を自動補正］をオンにするとアクティブになります。シャドウとハイライトのレベルを比較する連続フレームを秒で指定します。

01-5　シーン検出

　［時間軸方向のスムージング（秒）］の値を0以外にするとアクティブになります。オンにすると［時間軸方向のスムージング（秒）］で異なるシーンのフレームを指定した場合に、それを無視します。

01-6　詳細オプション

　ハイライトとシャドウを補正する際の詳細設定をおこないます。

・シャドウの階調幅

　シャドウの調整できる階調の幅を設定します。

・シャドウの半径

　シャドウ部分と判断する範囲を設定します。

・ハイライトの階調幅

ハイライトの調整できる階調の幅を設定します。

・ハイライトの半径

ハイライト部分と判断する範囲を設定します。

・カラー補正

彩度を調整します。

・ミッドトーンのコントラスト

中間の明るさ部分のコントラストを調整します。

・シャドウのクリップ

最も暗い部分をクリップする量を設定します。

・ハイライトのクリップ

最も明るい部分をクリップする量を設定します。

01-7　元の画像とブレンド

エフェクト適用前のクリップ内容と合成します。値が大きくなるほど元の画像が浮かび上がってきます。

02　プロセスアンプ

クリップの明度や色相、彩度などの調整をおこないます。

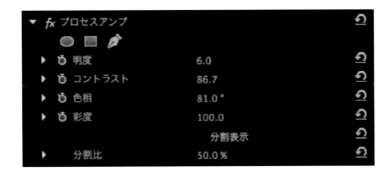

02-1　明度

明度を調整します。

02-2　コントラスト

コントラストを調整します。

02-3　色相

色相を調整します。

02-4　彩度

彩度を調整します。

02-5　分割表示

調整中の画像と元の画像をプログラムモニターに左右分割して表示します。

02-6　分割比

調整中の画像と元の画像の左右分割比率を設定します。

03　レベル補正

クリップの明るさとコントラストを調整します。Windowsではレベル補正設定ダイアログボックスに現在のフレームのヒストグラムが表示されます。

▼ fx レベル補正		↰
● ■ ✐		
▶ ⏱ RGB の黒入力レベル	54	↰
▶ ⏱ RGB の白入力レベル	255	↰
▶ ⏱ RGB の黒出力レベル	0	↰
▶ ⏱ RGB の白出力レベル	255	↰
▶ ⏱ RGB のガンマ	100	↰
▶ ⏱ 赤の黒入力レベル	0	↰
▶ ⏱ 赤の白入力レベル	255	↰
▶ ⏱ 赤の黒出力レベル	0	↰
▶ ⏱ 赤の白出力レベル	255	↰
▶ ⏱ 赤のガンマ	100	↰
▶ ⏱ 緑の黒入力レベル	0	↰
▶ ⏱ 緑の白入力レベル	255	↰
▶ ⏱ 緑の黒出力レベル	0	↰
▶ ⏱ 緑の白出力レベル	255	↰
▶ ⏱ 緑のガンマ	100	↰
▶ ⏱ 青の黒入力レベル	0	↰
▶ ⏱ 青の白入力レベル	255	↰
▶ ⏱ 青の黒出力レベル	0	↰
▶ ⏱ 青の白出力レベル	255	↰
▶ ⏱ 青のガンマ	100	↰

03-1　黒入力レベル（RGB／赤／緑／青）

　各チャンネルの暗い部分のレベルを設定します。値を上げると暗い範囲が広がります。R／G／B各チャンネルでは各色成分が弱くなります。

03-2　白入力レベル（RGB／赤／緑／青）

　各チャンネルの明るい部分のレベルを設定します。値を下げると明るい範囲が広がります。R／G／B各チャンネルでは各色成分が強くなります。

03-3　黒出力レベル（RGB／赤／緑／青）

　各チャンネルの最も暗い部分のレベルを設定します。値を上げると明るい部分が暗くなっていきます。R／G／B各チャンネルでは各色成分が弱くなります。

03-4　白出力レベル（RGB／赤／緑／青）

　各チャンネルの最も明るい部分のレベルを設定します。値を下げると暗い部分が明るくなっ

ていきます。R／G／B各チャンネルでは各色成分が強くなります。

03-5　ガンマ（RGB／赤／緑／青）

各チャンネルの中間の明るさの部分を調整します。値を上げると明るくなり、R／G／B各チャンネルでは各色成分が強くなります。

04　抽出

色成分を消去してグレースケールの画像にします。Windowsではレベル補正設定ダイアログボックスに現在のフレームのヒストグラムが表示されます。

04-1　黒入力レベル

暗い部分のレベルを設定します。値が大きいほど暗い部分が広がります。

04-2　白入力レベル

明るい部分のレベルを設定します。値が大きいほど明るい部分が広がります。

04-3　柔らかさ

黒と白の中間の明るさの部分を広げます。

04-4　反転

オンにすると白黒が反転します。

05　明るさの値

3×3のマトリックスで数値演算をおこなって明るさを設定します。

05-1　M11 － M33

　各マトリックス位置の値を設定します。

05-2　オフセット

　スケール値を用いた計算結果に加える値を設定します。

05-3　スケール

　計算の対象となるピクセルの明るさの合計値を割る値を設定します。

05-4　アルファ処理

　オンにするとアルファチャンネルに対しても処理をおこないます。

06 照明効果

最大5種類の光源を設定してクリップにライトを落とします。

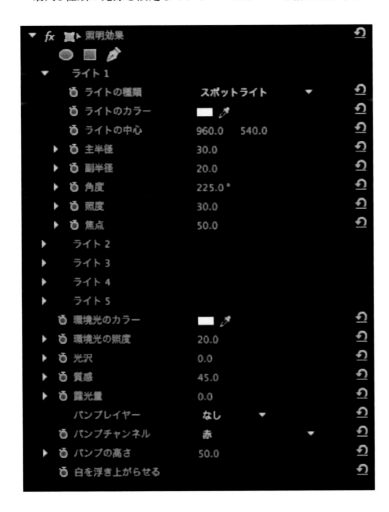

06-1　ライト1－5

最大5種類のライトの設定をおこないます。

・ライトの種類

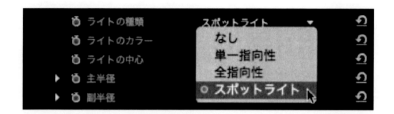

ライトの種類を選択します。ライトを増やさない場合は［なし］にしておきます。

・ライトカラー

ライトの色を指定します。

・ライトの中心

光源の位置を設定します。このエフェクトの［トランスフォームアイコン］をクリックし、プログラムモニターで光源をドラッグすることもできます。

・主半径

光源から照射位置までの距離を設定します。このエフェクトの［トランスフォームアイコン］をクリックし、プログラムモニターで照射位置をドラッグして距離を設定することもできます。

・副半径

ライトの広がりを設定します。このエフェクトの［トランスフォームアイコン］をクリックし、プログラムモニターで照射範囲の円のハンドルをドラッグして設定することもできます。

・角度

光源に対する照射位置の角度を設定します。このエフェクトの［トランスフォームアイコン］をクリックし、プログラムモニターで照射範囲の円の外周をドラッグして設定することもできます。

・照度

ライトの強さを設定します。

・焦点

　照射位置での光の拡散度合いを設定します。

06-2　環境光のカラー

　ライトの当たっている以外の部分に影響する色を設定します。通常は白で、ライト以外の部分にグレーが重なり暗くなってみえます。

06-3　環境光の照度

　環境光の明るさを設定します。

06-4　光沢

　ライトの照射場所の拡散具合を設定します。

06-5　露光量

　ライトも含めて全体の明るさを設定します。

06-6　バンプレイヤー

　ライトによって浮き彫りになる模様の元になるクリップを配置したビデオトラックを選択します。

06-7　バンプチャンネル

　［バンプレイヤー］で指定したクリップのどのチャンネルを浮き彫りに使うかを選択します。

クリップがアルファチャンネルを持っている場合、[アルファ]にするとアルファチャンネルの形状のエンボスになります。

06-8　バンプの高さ

エンボスの高さを設定します。

06-9　白を浮き上がらせる

光源による凹凸が反対になります。

07　自動カラー補正

コントラストと色味を自動調整します。

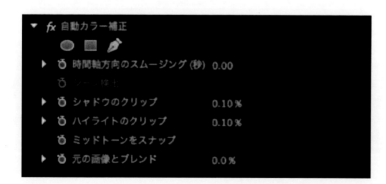

07-1　時間軸方向のスムージング（秒）

　カラー調整のために比較分析する連続フレームを秒で指定します。

07-2　シーン検出

　［時間軸方向のスムージング（秒）］の値を0以外にするとアクティブになります。オンにすると［時間軸方向のスムージング（秒）］で異なるシーンのフレームを指定した場合に、それを無視します。

07-3　シャドウのクリップ

　最も暗い部分をクリップする量を設定します。

07-4　ハイライトのクリップ

　最も明るい部分をクリップする量を設定します。

07-5　ミッドトーンをスナップ

　オンにすると中間の明るさ付近を分析して補正に使用します。

07-6　元の画像とブレンド

　エフェクト適用前のクリップ内容と合成します。値が大きくなるほど元の画像が浮かび上がってきます。

08　自動コントラスト

全体のコントラストと色の混合を自動調整します。

08-1 時間軸方向のスムージング（秒）

コントラスト調整のために比較分析する連続フレームを秒で指定します。

08-2 シーン検出

［時間軸方向のスムージング（秒）］の値を0以外にするとアクティブになります。オンにすると［時間軸方向のスムージング（秒）］で異なるシーンのフレームを指定した場合に、それを無視します。

08-3 シャドウのクリップ

最も暗い部分をクリップする量を設定します。

08-4 ハイライトのクリップ

最も明るい部分をクリップする量を設定します。

08-5 元の画像とブレンド

エフェクト適用前のクリップ内容と合成します。値が大きくなるほど元の画像が浮かび上がってきます。

09　自動レベル補正

RGBチャンネルを個別に分析してレベルを自動調整します。

09-1　時間軸方向のスムージング（秒）

レベル調整のために比較分析する連続フレームを秒で指定します。

09-2　シーン検出

［時間軸方向のスムージング（秒）］の値を0以外にするとアクティブになります。オンにすると［時間軸方向のスムージング（秒）］で異なるシーンのフレームを指定した場合に、それを無視します。

09-3　シャドウのクリップ

最も暗い部分をクリップする量を設定します。

09-4　ハイライトのクリップ

最も明るい部分をクリップする量を設定します。

09-5　元の画像とブレンド

　エフェクト適用前のクリップ内容と合成します。値が大きくなるほど元の画像が浮かび上がってきます。

第17章：遠近

立体感を加えるエフェクト群です。

01　ドロップシャドウ

クリップに影を落とします。

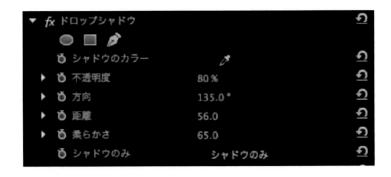

01-1　シャドウのカラー

影の色を設定します。

01-2　不透明度

影の不透明度を設定します。

01-3　方向

影が落ちる方向を設定します。

01-4　距離

クリップから影までの距離を設定します。

01-5　柔らかさ

影のぼかし度合いを設定します。

01-6　シャドウのみ

オンにすると影だけが表示されます。

02　ベベルアルファ

アルファチャンネルのエッジに傾斜をつけて立体感を出します。

02-1　エッジの太さ

エッジの傾斜の太さを設定します。

02-2　ライトの角度

ライトの当たる角度を設定します。

02-3　ライトのカラー

ライトの色を設定します。

02-4　ライトの強さ

ライトの強さを設定します。

03　ベベルエッジ

クリップのエッジに傾斜をつけて立体感を出します。生成されるエッジは常に長方形です。

03-1 エッジの太さ

エッジの傾斜の太さを設定します。

03-2 ライトの角度

ライトの当たる角度を設定します。

03-3 ライトのカラー

ライトの色を設定します。

03-4 ライトの強さ

ライトの強さを設定します。

---

04 基本3D

クリップを3D回転させます。

04-1　スウィベル

垂直軸を使った水平方向の回転を設定します。

04-2　チルト

水平軸を使った垂直方向の回転を設定します。

04-3　画像までの距離

クリップまでの距離を設定します。

04-4　鏡面ハイライト

［鏡面ハイライト表示］をオンにすると、回転したクリップの表面にライトが当たります。ライトの位置は画面の左上で固定されています。

04-5　プレビュー

［プレビューワイヤーフレームを描く］をオンにすると、3Dイメージのワイヤーフレームが描画されます。

05　放射状シャドウ

任意の位置のライトから照射して生じる影を生成します。

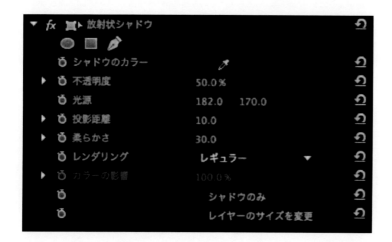

05-1　シャドウのカラー

影の色を設定します。[レンダリング] で [ガラスエッジ] を選んだ場合はクリップの色が優先されます。

05-2　不透明度

影の不透明度を設定します。

05-3　光源

ライトの位置を設定します。このエフェクトの [トランスフォームアイコン] をクリックし

て、プログラムモニターで光源をドラッグすることもできます。

05-4　投影距離

　光源からクリップの影を投影する面までの距離を設定します。値を変えると影の広がり方が変わります。

05-5　柔らかさ

　影のぼかし度合いを設定します。

05-6　レンダリング

　影の種類を選択します。［レギュラー］は普通の影、［ガラスエッジ］はクリップがアルファチャンネルで半透明の場合にクリップの色を反映した影が生成されます。

05-7　カラーの影響

　［レンダリング］で［ガラスエッジ］を選ぶとアクティブになります。影へのクリップ色の影響度合いを設定します。

05-8　シャドウのみ

　オンにすると影だけが表示されます。

05-9　レイヤーのサイズを変更

　オンにするとクリップのサイズより外まで影が伸びます。

第18章：オーディオエフェクト

オーディオに適用するエフェクト群です。

01　Analog Delay

エコーを加えます。

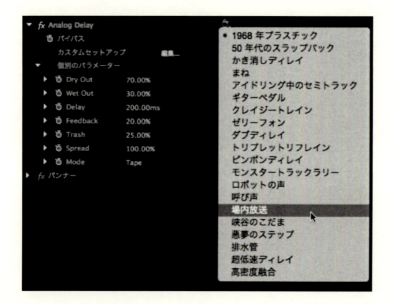

01-1　プリセット

プロパティの右にあるプリセットアイコンで［場内放送］や［渓谷のこだま］などのプリセットが選択できます。

01-2　カスタムセットアップ

　［編集］をクリックしてFXエディターを開き、ディレイのモードやエフェクトの強さ、遅延の時間、残響などのカスタム設定をします。

02　AUBandpass（Mac OSのみ）

　指定した帯域以外をカットします。

02-1 カスタムセットアップ

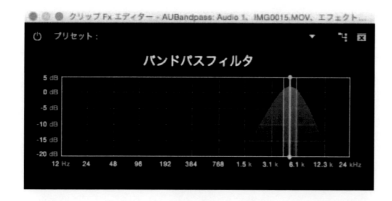

［編集］をクリックしてFXエディターを開き、残す帯域と幅を視覚的に設定します。

03 AUDelay（Mac OSのみ）

エコーを加えます。

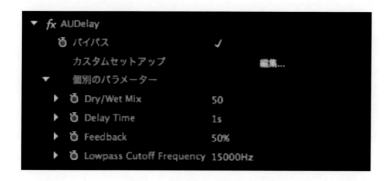

03-1　カスタムセットアップ

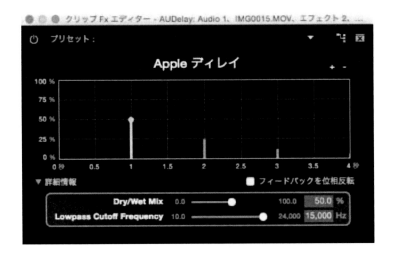

［編集］をクリックしてFXエディターを開き、エコーの強さや音のクリアさを設定します。

04　AUDistortion（Mac OSのみ）

音を歪ませます。

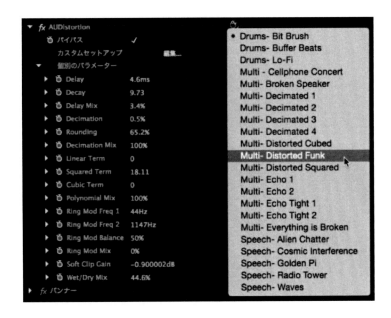

04-1 プリセット

プロパティの右にあるプリセットアイコンでプリセットが選択できます。

04-2 カスタムッットアップ

［編集］をクリックしてFXエディターを開き、歪みの強さや残響を設定します。

05 AUDynamicsProcessor（Mac OSのみ）

音を強調します。

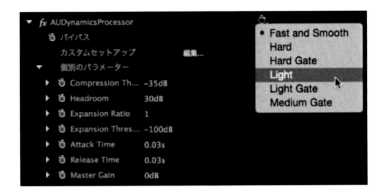

05-1　プリセット

プロパティの右にあるプリセットアイコンでプリセットが選択できます。

05-2　カスタムセットアップ

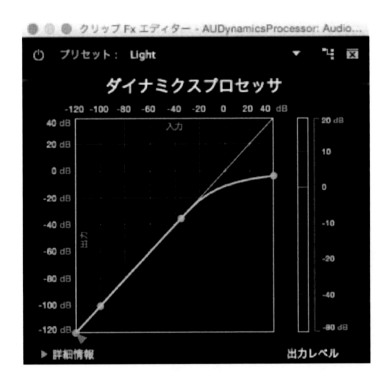

［編集］をクリックしてFXエディターを開き、音のカーブを視覚的に設定します。

06　AUFilter（Mac OSのみ）

指定した周波数を増加／減少します。

06-1　カスタムセットアップ

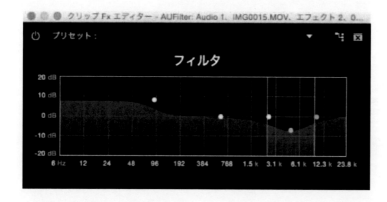

　［編集］をクリックしてFXエディターを開き、増加／減少する帯域と強さをカーブで設定します。

07　AUGraphicEQ（Mac OSのみ）

指定した周波数を増加／減少します。

```
▼ fx AUGraphicEQ
    ○ バイパス
       カスタムセットアップ                    編集...
    ▼    個別のパラメーター
    ▶  ○ 20.0 Hz          0dB
    ▶  ○ 25.0 Hz          0dB
    ▶  ○ 31.5 Hz          0dB
    ▶  ○ 40.0 Hz          0dB
    ▶  ○ 50.0 Hz          0dB
    ▶  ○ 63.0 Hz          0dB
    ▶  ○ 80.0 Hz          0dB
    ▶  ○ 100.0 Hz         0dB
    ▶  ○ 125.0 Hz         0dB
    ▶  ○ 160.0 Hz         0dB
    ▶  ○ 200.0 Hz         0dB
    ▶  ○ 250.0 Hz         0dB
    ▶  ○ 315.0 Hz         0dB
    ▶  ○ 400.0 Hz         0dB
    ▶  ○ 500.0 Hz         0dB
```

07-1 カスタムセットアップ

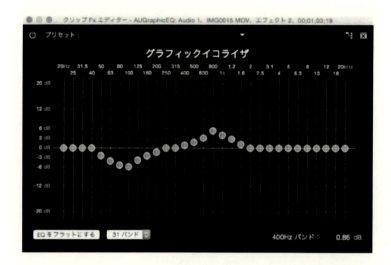

［編集］をクリックしてFXエディターを開き、増加／減少する周波数と強さを設定します。

08　AUHighShelfFilter（Mac OSのみ）

指定周波数を中心に増加／減少します。

08-1　カスタムセットアップ

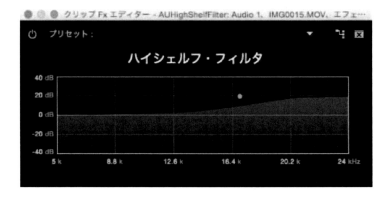

［編集］をクリックしてFXエディターを開き、増加／減少する帯域と強さを設定します。

09　AUHipass（Mac OSのみ）

指定値より低い周波数をカットします。

09-1　カスタムセットアップ

［編集］をクリックしてFXエディターを開き、カットする周波数と強さを設定します。

10　AULowpass（Mac OSのみ）

指定値より高い周波数をカットします。

10-1　カスタムセットアップ

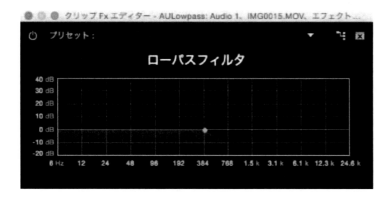

［編集］をクリックしてFXエディターを開き、カットする周波数と強さを設定します。

11　AULowShelfFilter（Mac OSのみ）

指定周波数を中心に増加／減少します。

11-1 カスタムセットアップ

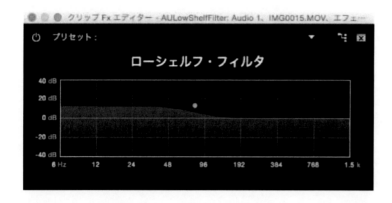

［編集］をクリックしてFXエディターを開き、増加／減少の中心になる周波数と強さを設定します。

12　AUMatrixReverb（Mac OSのみ）

残響を加えます。

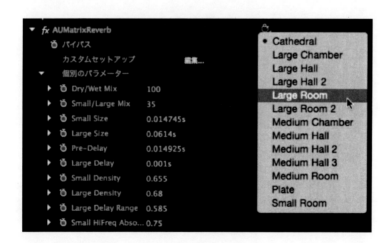

12-1 プリセット

プロパティの右にあるプリセットアイコンでプリセットが選択できます。

12-2 カスタムセットアップ

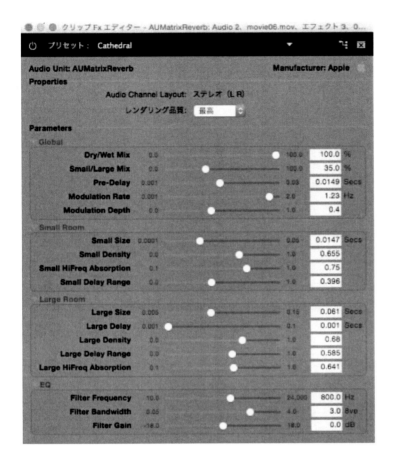

［編集］をクリックしてFXエディターを開き、細かい残響設定をおこないます。

13　AUMultibandCompressor（Mac OSのみ）

音を強調します。

13-1　プリセット

プロパティの右にあるプリセットアイコンでプリセットが選択できます。

13-2　カスタムセットアップ

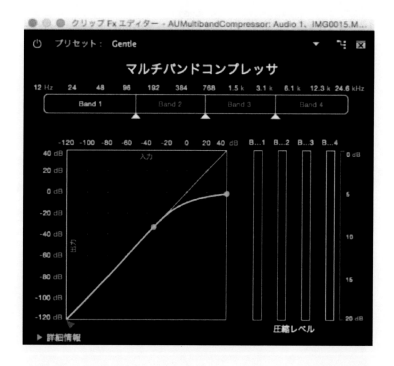

［編集］をクリックしてFXエディターを開き、音の圧縮特性曲線を設定します。

14　AUNBandEQ（Mac OSのみ）

指定した周波数を増加／減少します。

14-1 カスタムセットアップ

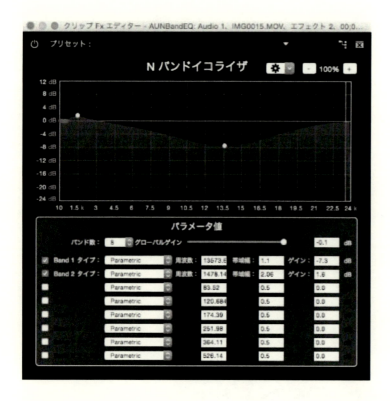

［編集］をクリックしてFXエディターを開き、増加／減少する周波数と強さを設定します。

15　AUNetSend（Mac OSのみ）

ネットワークで音をやり取りします。

15-1 カスタムセットアップ

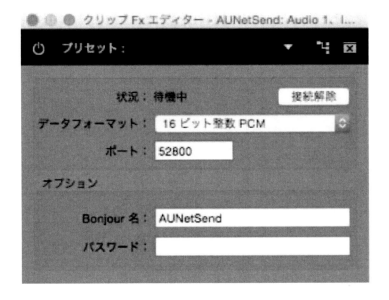

［編集］をクリックしてFXエディターを開き、データフォーマットやポートを設定します。

16　AUParametricEQ（Mac OSのみ）

指定した周波数を増加／減少します。

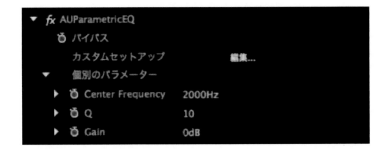

16-1 カスタムセットアップ

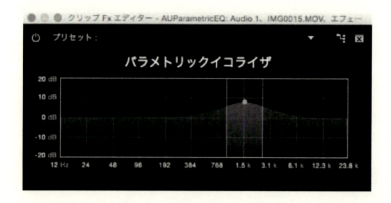

［編集］をクリックしてFXエディターを開き、増加／減少する周波数と強さを設定します。

17　AUPeakLimiter（Mac OSのみ）

音のピークを制御します。

17-1　カスタムセットアップ

［編集］をクリックしてFXエディターを開き、音のアタックや音量を設定します。

18　AUPitch（Mac OSのみ）

音のキーを変えます。

18-1　プリセット

プロパティの右にあるプリセットアイコンでプリセットが選択できます。

18-2　カスタムセットアップ

［編集］をクリックしてFXエディターを開き、音のキーやスムース度合いを設定します。

19　AURogerBeep（Mac OSのみ）

無音を検出してビープ音を鳴らします。

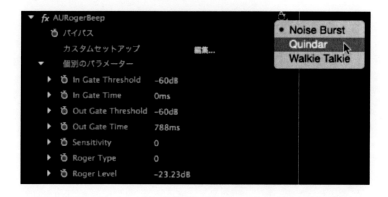

19-1　プリセット

プロパティの右にあるプリセットアイコンでプリセットが選択できます。

19-2　カスタムセットアップ

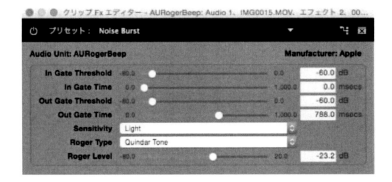

［編集］をクリックしてFXエディターを開き、無音の認識とビープの設定をします。

20　AUSampleDelay（Mac OSのみ）

エコーを加えます。

20-1　カスタムセットアップ

［編集］をクリックしてFXエディターを開き、残響を設定します。

第18章：オーディオエフェクト　277

21　Chorus / Flanger

位相を変えて広がりを加えます。

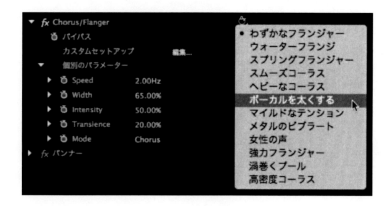

21-1　プリセット

プロパティの右にあるプリセットアイコンでプリセットが選択できます。

21-2　カスタムセットアップ

［編集］をクリックしてFXエディターを開き、位相変調のモードと変調度合いを設定します。

22 Chorus

音に広がりを加えます。

22-1 プリセット

プロパティの右にあるプリセットアイコンでプリセットが選択できます。

22-2 カスタムセットアップ

［編集］をクリックしてFXエディターを開き、広がりに使う波の深さとスピードなどを設定します。

23 Convolution Reverb

残響を加えます。

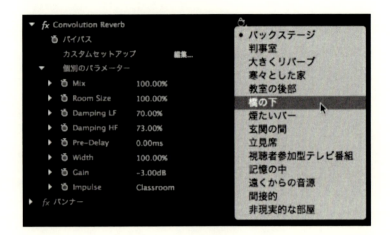

23-1 プリセット

プロパティの右にあるプリセットアイコンでプリセットが選択できます。

23-2 カスタムセットアップ

［編集］をクリックしてFXエディターを開き、残響の度合いを設定します。

24　DeClicker

クリックノイズをカットします。

24-1　プリセット

プロパティの右にあるプリセットアイコンでプリセットを選択し、設定を記録します。

24-2　カスタムセットアップ

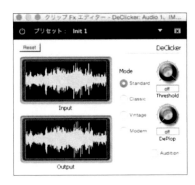

［編集］をクリックしてFXエディターを開き、カットするノイズの度合いを設定します。

25 DeEsser

歯擦音をカットします。

```
▼ fx DeEsser
    ᴏ̃ バイパス
       カスタムセットアップ                        編集...
    ▼   個別のパラメーター
        ▶  ᴏ̃ Threshold                      -30.00dB
        ▶  ᴏ̃ Attack                         100.00
        ▶  ᴏ̃ Release                        100.00
        ▶  ᴏ̃ Center Frequency               5000.00Hz
        ▶  ᴏ̃ Bandwidth                      3000.00Hz
        ▶  ᴏ̃ Output Sibilance Only          False
        ▶  ᴏ̃ Mode                           Multiband
        ▶  ᴏ̃ Spectrum Show Peak Hold        False
        ▶  ᴏ̃ Spectrum Flip Channel Phase    False
        ▶  ᴏ̃ Spectrum Type                  0
        ▶  ᴏ̃ Spectrum Average Window Size   0
        ▶  ᴏ̃ Spectrum Window Size           3
        ▶  ᴏ̃ Spectrum Overlap               5
        ▶  ᴏ̃ Spectrum Window Type           4
        ▶  ᴏ̃ Spectrum Peak Hold Time        2
```

25-1　カスタムセットアップ

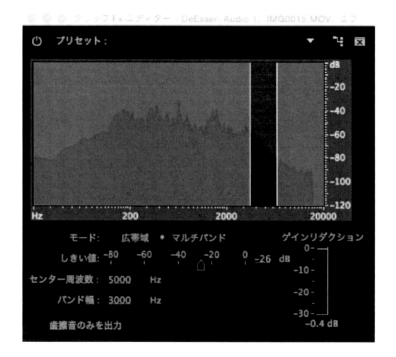

［編集］をクリックしてFXエディターを開き、オーディオを分析して歯擦音をカットします。

26　DeEsser（レガシー）

歯擦音をカットします。

26-1 プリセット

プロパティの右にあるプリセットアイコンでプリセットを選択し、設定を記録します。

26-2 カスタムセットアップ

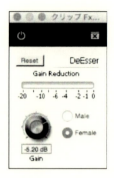

［編集］をクリックしてFXエディターを開き、歯擦音の除去度合いを設定します。

27 DeHummer

ハムノイズをカットします。

```
▼ fx DeHummer
    ○ バイパス
      カスタムセットアップ              編集...
    ▼   個別のパラメーター
    ▶ ○ Harmonic Base Freq          60.00Hz
    ▶ ○ Harmonic Base Q             60.00Q
    ▶ ○ Harmonic Base Gain          -60.00dB
    ▶ ○ Harmonic Slope              50.00%
    ▶ ○ Output Hum Only             False
    ▶ ○ Num Harmonics               (改悪瑚)
    ▶ ○ Spectrum Show Peak Hold     False
    ▶ ○ Spectrum Flip Channel Phase False
    ▶ ○ Spectrum Type               0
    ▶ ○ Spectrum Average Window Size 0
    ▶ ○ Spectrum Window Size        3
    ▶ ○ Spectrum Overlap            5
    ▶ ○ Spectrum Window Type        4
    ▶ ○ Spectrum Peak Hold Time     2
```

27-1　カスタムセットアップ

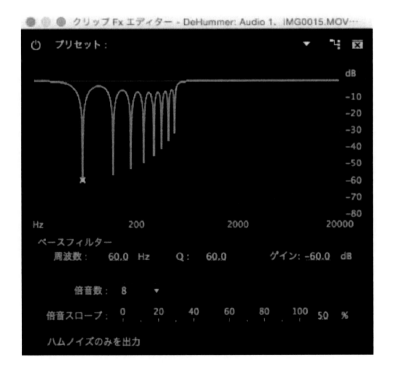

第18章：オーディオエフェクト　285

［編集］をクリックしてFXエディターを開き、除去するハムノイズの設定をおこないます。

28　DeHummer（レガシー）

ハムノイズをカットします。

28-1　プリセット

プロパティの右にあるプリセットアイコンでプリセットを選択し、設定を記録します。

28-2　カスタムセットアップ

［編集］をクリックしてFXエディターを開き、除去するハムノイズの設定をおこないます。

29　DeNoiser

小さな音のノイズをカットします。

29-1　プリセット

プロパティの右にあるプリセットアイコンでプリセットを選択し、設定を記録します。

29-2　カスタムセットアップ

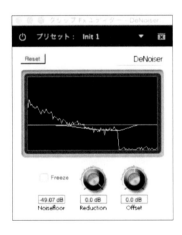

［編集］をクリックしてFXエディターを開き、除去するノイズの設定をします。

30　Distortion

音を歪ませます。

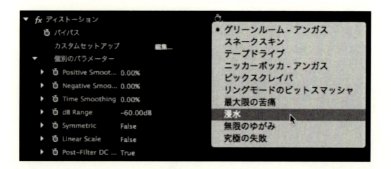

30-1　プリセット

プロパティの右にあるプリセットアイコンでプリセットが選択できます。

30-1　カスタムセットアップ

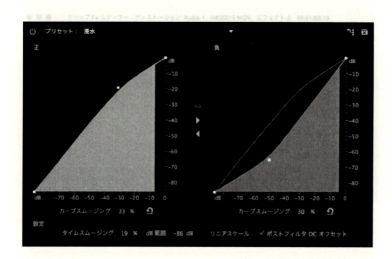

［編集］をクリックしてFXエディターを開き、音のカーブを設定して歪ませます。

31　Dynamics

音を強調します。

31-1　プリセット

プロパティの右にあるプリセットアイコンでプリセットが選択できます。

31-2　カスタムセットアップ

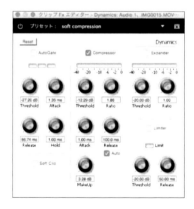

［編集］をクリックしてFXエディターを開き、音の圧縮度合いを設定します。

32　EQ

指定した周波数を増加／減少します。

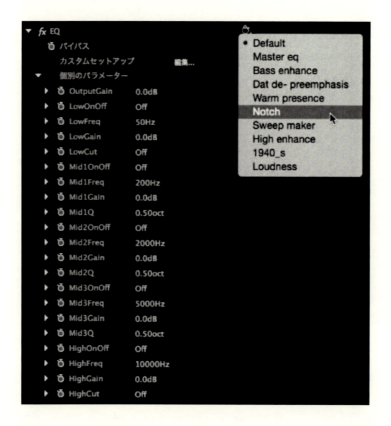

32-1　プリセット

プロパティの右にあるプリセットアイコンでプリセットが選択できます。

32-2 カスタムセットアップ

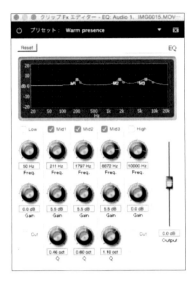

［編集］をクリックしてFXエディターを開き、増加／減少する周波数と強さを設定します。

33 Flanger

位相を変えてうねりを加えます。

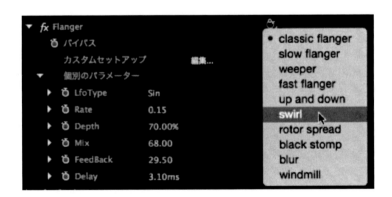

33-1 プリセット

プロパティの右にあるプリセットアイコンでプリセットが選択できます。

33-2　カスタムセットアップ

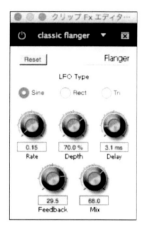

［編集］をクリックしてFXエディターを開き、位相と残響度合いなどを設定します。

34　Guitar Suite

音を歪ませます。

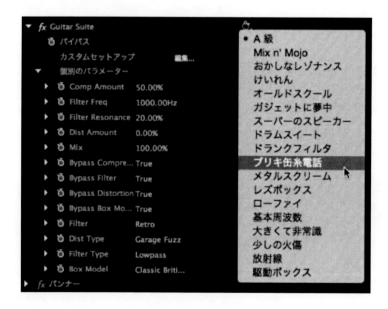

34-1　プリセット

プロパティの右にあるプリセットアイコンでプリセットが選択できます。

34-2　カスタムセットアップ

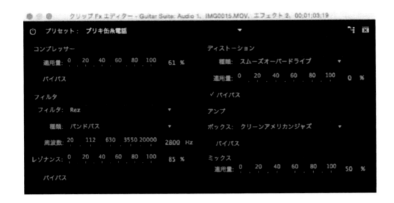

［編集］をクリックしてFXエディターを開き、音の歪み度合いを設定します。

35　Mastering

強調や残響などで雰囲気をつくります。

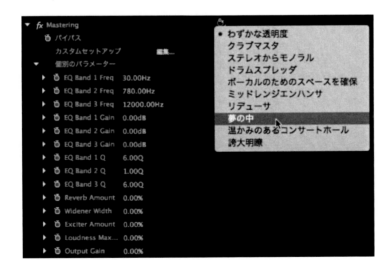

35-1　プリセット

プロパティの右にあるプリセットアイコンでプリセットが選択できます。

35-2　カスタムセットアップ

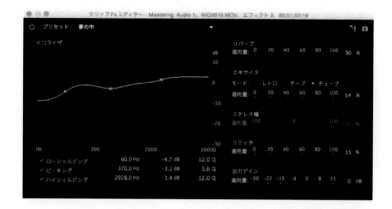

［編集］をクリックしてFXエディターを開き、残響や特定周波数の強弱の組み合わせを設定します。

36　Multiband Compressor

指定した周波数を強調します。

36-1　プリセット

プロパティの右にあるプリセットアイコンでプリセットが選択できます。

36-2　カスタムセットアップ

［編集］をクリックしてFXエディターを開き、圧縮度合いを設定します。

37　Multiband Compressor（レガシー）

指定した周波数を強調します。

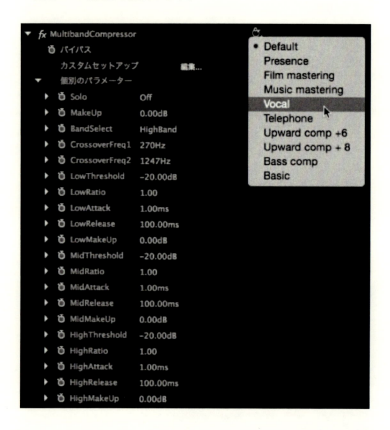

37-1　プリセット

プロパティの右にあるプリセットアイコンでプリセットが選択できます。

37-2　カスタムセットアップ

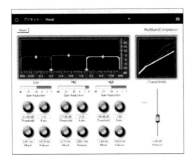

［編集］をクリックしてFXエディターを開き、低／中／高音部の圧縮度合いを設定します。

38　Phaser

位相を変えて音を変化させます。

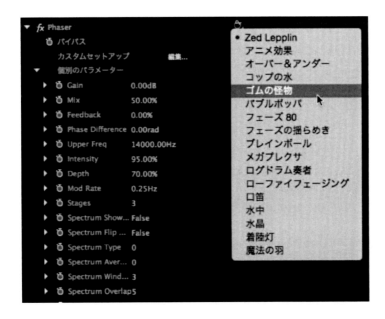

38-1　プリセット

プロパティの右にあるプリセットアイコンでプリセットが選択できます。

38-2 カスタムセットアップ

［編集］をクリックしてFXエディターを開き、位相変調の度合いを設定します。

39　Phaser（レガシー）

位相を変えて音を変化させます。

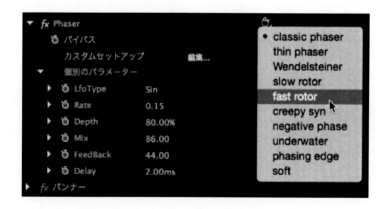

39-1　プリセット

プロパティの右にあるプリセットアイコンでプリセットが選択できます。

39-2　カスタムセットアップ

［編集］をクリックしてFXエディターを開き、位相変調の度合いを設定します。

40　PitchShifter

音のキーを変えます。

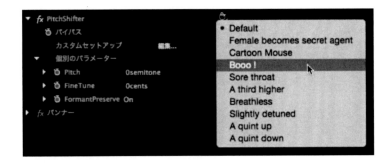

40-1　プリセット

プロパティの右にあるプリセットアイコンでプリセットが選択できます。

40-2 カスタムセットアップ

［編集］をクリックしてFXエディターを開き、ピッチを設定します。

---

41 Reverb

残響を加えます。

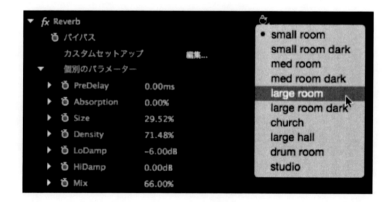

41-1 プリセット

プロパティの右にあるプリセットアイコンでプリセットが選択できます。

41-2　カスタムセットアップ

［編集］をクリックしてFXエディターを開き、残響の度合いを設定します。

42　RoundTripAAC（Mac OSのみ）

AACエンコード後の音を試聴します。

42-1　プリセット

プロパティの右にあるプリセットアイコンでプリセットが選択できます。

42-2 カスタムセットアップ

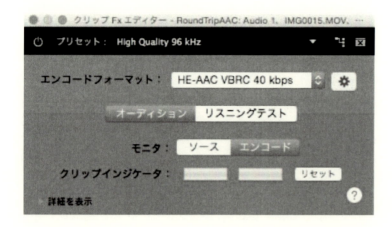

［編集］をクリックしてFXエディターを開き、圧縮の聴き比べなどをおこないます。

43　Single-band Compressor

音を強調します。

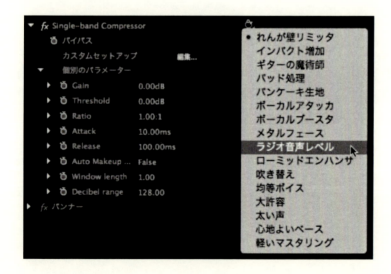

43-1　プリセット

プロパティの右にあるプリセットアイコンでプリセットが選択できます。

43-2 カスタムセットアップ

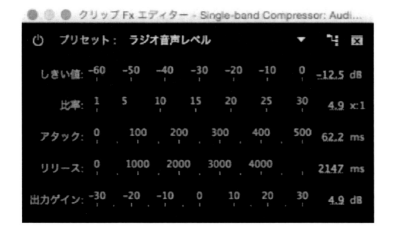

［編集］をクリックしてFXエディターを開き、音の強調度合いを設定します。

44　Spectral NoiseReduction

指定した周波数を増加／減少してノイズを除去します。

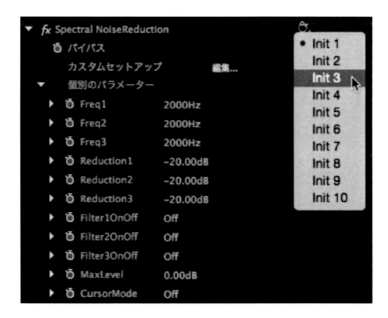

44-1　プリセット

プロパティの右にあるプリセットアイコンでプリセットを選択し、設定を記録します。

44-2　カスタムセットアップ

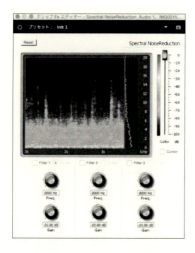

［編集］をクリックしてFXエディターを開き、スペクトルを見ながら増加／減少する周波数と強さを設定します。

45　Surround Rever

サラウンドで残響を加えます。

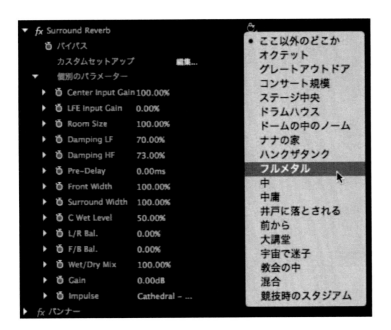

45-1　プリセット

プロパティの右にあるプリセットアイコンでプリセットが選択できます。

45-2　カスタムセットアップ

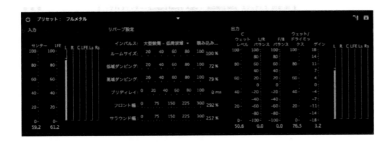

［編集］をクリックしてFXエディターを開き、サラウンドでの残響度合いを設定します。

46　Tube-modeled Compressor

音を強調します。

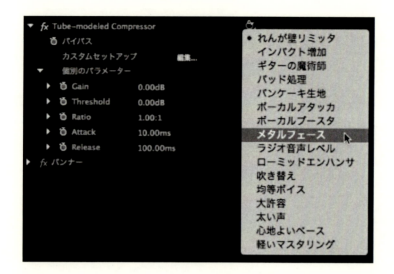

46-1　プリセット

プロパティの右にあるプリセットアイコンでプリセットが選択できます。

46-2　カスタムセットアップ

［編集］をクリックしてFXエディターを開き、音を圧縮する度合いを設定します。

47　Vocal Enhancer

ボーカルを強調します。

47-1　プリセット

プロパティの右にあるプリセットアイコンでプリセットが選択できます。

47-2　カスタムセットアップ

［編集］をクリックしてFXエディターを開き、プリセットを選びます。

48　チャンネルの入れ替え

左右の音を入れ替えます。

48-1　バイパス

エフェクトを適用するとすぐに左右の音が入れ替わり、［バイパス］をオンにするとエフェクトがキャンセルされ元の音になります。

49 チャンネルボリューム

左右の音量を個別に調整します。

49-1 バイパス

オンにするとエフェクトがキャンセルされ元の音になります。

49-2 左／右

左と右の音を個別に設定します。

---

50 ディレイ

エコーを加えます。

50-1 バイパス

オンにするとエフェクトがキャンセルされ元の音になります。

50-2 ディレイ

元の音に対して遅延して再生される時間を設定します。

50-3 フィードバック

繰り返し再生される残響音のバランスを設定します。

50-4　ミックス

元の音とのバランスを設定します。

51　トレブル

高い周波数を増加／減少します。

51-1　バイパス

オンにするとエフェクトがキャンセルされ元の音になります。

51-2　ブースト

高音部分の増加／減少の度合いを設定します。

52　反転

チャンネルの位相を反転します。

52-1　バイパス

エフェクトを適用するとすぐに位相が反転し、［バイパス］をオンにするとエフェクトがキャンセルされ元の音になります。

53　ノッチ

指定した周波数付近をカットします。

53-1　バイパス

オンにするとエフェクトがキャンセルされ元の音になります。

53-2　センター

カットする周波数を設定します。

53-3　Q

カットする度合いを設定します。

54　ハイパス

指定値より低い周波数をカットします。

54-1　バイパス

オンにするとエフェクトがキャンセルされ元の音になります。

54-2　カットオフ

カットの境界になる周波数を設定します。この周波数より低い周波数部分がカットされます。

55　バス

低周波数成分を増加／減少します。

55-1　バイパス

オンにするとエフェクトがキャンセルされ元の音になります。

55-2　ブースト

低音部分の増加／減少の度合いを設定します。

56　バランス

左右のバランスを調整します。

56-1　バイパス

オンにするとエフェクトがキャンセルされ元の音になります。

56-2　バランス

左右のバランスを設定します。

57　バンドパス

指定した帯域以外をカットします。

57-1　バイパス

オンにするとエフェクトがキャンセルされ元の音になります。

57-2　センター

カットする周波数を設定します。

57-3　Q

カットする度合いを設定します。

58　パラメトリック EQ

特定の周波数付近を増加／減少します。

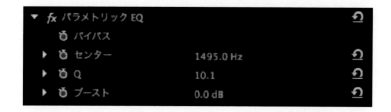

58-1　バイパス

オンにするとエフェクトがキャンセルされ元の音になります。

58-2　センター

増加／減少する周波数を設定します。

58-3　Q

増加／減少の度合いを設定します。

58-4　ブースト

指定した周波数部分の音量を設定します。

59　ボリューム

音量を増加／減少します。

59-1　バイパス

オンにするとエフェクトがキャンセルされ元の音になります。

59-2　レベル

音量を設定します。

60　マルチタップディレ

最大4つのエコーを加えます。

```
▼  fx マルチタップディレイ                              ↩
    ⏱ バイパス
  ▶ ⏱ ディレイ 1          0.500 秒                   ↩
  ▶ ⏱ フィードバック 1     0.0 ％                    ↩
  ▶ ⏱ レベル 1            -6.0  dB                  ↩
  ▶ ⏱ ディレイ 2          0.800 秒                   ↩
  ▶ ⏱ フィードバック 2     0.0 ％                    ↩
  ▶ ⏱ レベル 2            -6.0  dB                  ↩
  ▶ ⏱ ディレイ 3          1.200 秒                   ↩
  ▶ ⏱ フィードバック 3     0.0 ％                    ↩
  ▶ ⏱ レベル 4            -6.0  dB                  ↩
  ▶ ⏱ ディレイ 4          1.500 秒                   ↩
  ▶ ⏱ フィードバック 4     0.0 ％                    ↩
  ▶ ⏱ レベル 4            -6.0  dB                  ↩
  ▶ ⏱  ミックス           50.0 ％                   ↩
```

60-1　バイパス

オンにするとエフェクトがキャンセルされ元の音になります。

60-2　ディレイ 1／2／3／4

元の音に対して遅延して再生される時間を設定します。

60-3　フィードバック 1／2／3／4

繰り返し再生される残響音のバランスを設定します。

60-4　レベル 1／2／3／4

残響の音量を設定します。

61　ミュート

消音します。

314　第18章：オーディオエフェクト

61-1　バイパス

オンにするとエフェクトがキャンセルされ元の音になります。

61-2　ミュート

左右両方の音を消音します。

61-3　ミュート１

左の音を消音します。

61-4　ミュート２

右の音を消音します。

62　ラウドネスレーダー

音のレベルを測定します。

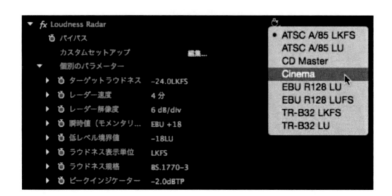

62-1　プリセット

プロパティの右にあるプリセットアイコンでプリセットが選択できます。

62-2　カスタムセットアップ

```
● ● ●   クリップ Fx エディター - Loudness Radar: Audio 1、 IMG0015.M...

⏻  プリセット：  ATSC A/85 LKFS                    ▽   ⌗   ☒

   レーダー   設定                              ▶   Ⅱ   ↺

            ターゲットラウドネス      -24.0 LKFS
               レーダー速度         4 分    ▽
              レーダー解像度       6 dB/div   ▽
        瞬時値（モメンタリー値）       EBU +18   ▽
             低レベル境界値        -18.0 LU
           ラウドネス表示単位        LKFS    ▽
             ラウドネス規格        BS.1770-3   ▽
          ピークインジケーター       -2.0 dBTP


                    Loudness Authority


LOUDNESSRADAR                          tc electronic
```

［編集］をクリックしてFXエディターを開き、音レベルの解析設定をおこないます。

63　ローパス

指定値より高い周波数をカットします。

63-1 バイパス

オンにするとエフェクトがキャンセルされ元の音になります。

63-2 カットオフ

カットする境界になる周波数を設定します。

64 右チャンネルを左チャンネルに振る

右の音を左でも再生します。

64-1 バイパス

エフェクトを適用するとすぐにステレオが右の音だけになり、［バイパス］をオンにするとエフェクトがキャンセルされ元の音になります。

65 左チャンネルを右チャンネルに振る

左の音を右でも再生します。

65-1　バイパス

　エフェクトを適用するとすぐにステレオが左の音だけになり、［バイパス］をオンにするとエフェクトがキャンセルされ元の音になります。

第19章：ビデオトランジション

ビデオを切り替える効果です。

01　3Dモーション

立体的に切り替えるトランジション群です。

01-1　キューブスピン

四角柱を回転させます。

01-2　フリップオーバー

板を回転させます。

02　アイリス

特性の形状で開くトランジション群です。

02-1　アイリス（クロス）

十字に切り開きます。

02-2　アイリス（ダイヤモンド）

ダイヤモンド形に切り開きます。

02-3　アイリス（円形）

円形に切り開きます。

02-4　アイリス（正方形）

正方形に切り開きます。

03　スライド

クリップを移動するトランジション群です。

03-1　スプリット

中央から上下もしくは左右に開きます。

03-2　スライド

上下もしくは左右から移動してきます。

03-3　センタースプリット

十字に分割されます。

03-4　帯状スライド（Windowsのみ）

くし歯状に現れます。

03-5　押し出し

次のクリップに押し出されます。

04　ズーム

拡大するトランジション群です。

04-1　クロスズーム

ズームインで消えズームアウトで出現します。

05　ディゾルブ

フェードで切り替わるトランジション群です。

05-1　クロスディゾルブ

フェードで切り替わります。

05-2　ディゾルブ

フェードで切り替わります。

05-3　フィルムディゾルブ

明るさを保持してフェードで切り替わります。

05-4　ホワイトアウト

白フラッシュで切り替わります。

05-5　モーフカット

モーフィングで切り替わります。

05-6　型抜き

明暗を使って切り替わります。

05-7　暗転

フェードアウト／インで切り替わります。

06　ページピール

ページをめくるトランジション群です。

06-1　ページターン

ページが折れてめくれます。

06-2　ページピール

ページが湾曲してめくれます。

07　ワイプ

特定パターンのトランジション群です。

07-1　くさび形ワイプ（Windowsのみ）

扇状に開いて現れます。

07-2　クロックワイプ（Windowsのみ）

時計回転のように現れます。

07-3　グラデーションワイプ

グラデーションパターンで切り替わります。

07-4　ジグザグブロック（Windowsのみ）

レンガが上から外れるように現れます。

07-5　スパイラルボックス（Windowsのみ）

四角いらせん状に現れます。

07-6　チェッカーボード（Windowsのみ）

チェッカーボードパターンで現れます。

07-7　チェッカーワイプ（Windowsのみ）

格子の中が開くように現れます。

07-8　ドア（扉）

扉を開くように現れます。

07-9　ブラインド（Windowsのみ）

ブラインドを開くように現れます。

07-10　ペイントスプラッター（Windowsのみ）

絵の具を飛び散らすように現れます。

07-11　マルチワイプ（Windowsのみ）

放射状に回転しながら現れます。

07-12　ランダムブロック（Windowsのみ）

ランダムなブロックで現れます。

07-13　ワイプ

直線的に現れます。

07-14　ワイプ（ランダム）（Windowsのみ）

ランダムなエッジで現れます。

07-15　ワイプ（放射状）（Windowsのみ）

角を中心に円を描くように現れます。

07-16　割り込み

角から割り込んできます。

07-17　帯状ワイプ（Windowsのみ）

くし歯状に現れます。

第20章：オーディオトランジション

オーディオを切り替える効果です。

01　クロスフェード

音を交差させるトランジション群です。

01-1　コンスタントゲイン

音量を直線的に切り替えます。

01-2　コンスタントパワー

音量を曲線的に切り替えます。

01-3　指数フェード

音量を曲線的に切り替えます。

著者紹介

石坂 アツシ （いしざか あつし）

ビデオ制作会社、CG制作会社を経てフリーの映像作家になる。ビデオ、ゲーム、CG、DVD
など多岐に渡る企画・プロデュース・演出を手がけ、ビデオ編集ソフトのテクニカル書籍の
著書も多数。主な著書に「Premiere Standard Techniques」（ビー・エヌ・エヌ新社）「After
Effects Standard Techniques」（ビー・エヌ・エヌ新社） など。

◎本書スタッフ
アートディレクター/装丁：岡田 章志＋GY
編集：江藤玲子+ピーチプレス

●本書の内容についてのお問い合わせ先
株式会社インプレスR&D　メール窓口
np-info@impress.co.jp
件名に「『本書名』問い合わせ係」と明記してお送りください。
電話やFAX、郵便でのご質問にはお答えできません。返信までには、しばらくお時間をいただく場合があります。な
お、本書の範囲を超えるご質問にはお答えしかねますので、あらかじめご了承ください。
また、本書の内容についてはNextPublishingオフィシャルWebサイトにて情報を公開しております。
http://nextpublishing.jp/

●落丁・乱丁本はお手数ですが、インプレスカスタマーセンターまでお送りください。送料弊社負担にてお取り替えさせていただきます。但し、古書店で購入されたものについてはお取り替えできません。

■読者の窓口
インプレスカスタマーセンター
〒 101-0051
東京都千代田区神田神保町一丁目 105番地
TEL 03-6837-5016／FAX 03-6837-5023
info@impress.co.jp

■書店／販売店のご注文窓口
株式会社インプレス受注センター
TEL 048-449-8040／FAX 048-449-8041

Adobe Premiere Pro CC エフェクト&トランジション大全【新版】

2015年9月25日　初版発行Ver.1.0（PDF版）
2016年12月1日　SP版

著　者　石坂 アツシ
編集人　桜井 徹
発行人　井芹 昌信
発　行　株式会社インプレスR&D
　　　　〒101-0051
　　　　東京都千代田区神田神保町一丁目105番地
　　　　http://nextpublishing.jp/
発　売　株式会社インプレス
　　　　〒101-0051　東京都千代田区神田神保町一丁目105番地

●本書は著作権法上の保護を受けています。本書の一部あるいは全部について株式会社インプレスR&Dから文書による許諾を得ずに、いかなる方法においても無断で複写、複製することは禁じられています。

© 2015 Atsushi Ishizaka. All rights reserved.
印刷・製本　京葉流通倉庫株式会社
Printed in Japan

ISBN978-4-8443-9745-8

NextPublishing®

●本書はNextPublishingメソッドによって発行されています。
NextPublishingメソッドは株式会社インプレスR&Dが開発した、電子書籍と印刷書籍を同時発行できるデジタルファースト型の新出版方式です。http://nextpublishing.jp/